edition:behmann

JAN C. BEHMANN

HALTESTELLEN-
PROSA

edition:behmann

*Es gibt viele Journalisten,
die unglaubliche Schachtelsätze fragen,
damit jeder weiß, dass sie auch wirklich
gebildet sind. Ich bin wirklich gebildet, daher
brauche ich das nicht.*

— Elizabeth T. Spira
als Gast in *Willkommen
Österreich* (ORF)
vom 09. April 2009

„Weißt du, was vor deiner Geburt war?",
fragte Christopher mich als
wir über den Tod diskutierten.
„Nein", antwortete ich und
dachte ernsthaft darüber nach.
„Siehst du", sagte er,
„dann weißt du, was der Tod ist."

—

„Pass immer gut auf dich auf, Hase",
sagte Christopher gerne zu mir.
Ich gebe mein Bestes.

In liebevoller Erinnerung an
CHRISTOPHER BULLE
(1969—2020)

Lassen Sie sich keine Vorschriften machen,
wann Sie denken.

Aber tun Sie es bitte.

Kontakt:
post@behmann.de
◉ @behmann_schreibt
Taggen Sie Ihre Bilder des Buchs in den
sozialen Medien gerne unter *#haltestellenprosa*

Willkommen an der Haltestelle!

Liebe Leserin, lieber Leser!

Ich freue mich, dass viele von Ihnen mit meinem ersten selbstverlegten Buch *Was bedeutet Leben?* und der Postkartenserie *Warum muss alles Wichtige, immer ausführlich sein?* so viel Freude hatten und haben.

Ich mag es, Geschichten auf wenigen Seiten zu erzählen. Ich nenne das *Haltestellenprosa*. Man kann fast alles in epischer Länge ausführen. Ich aber liebe die Verdichtung und damit Aufladung eines Textes, bis zu einer Verkürzung, die nur noch wenige Seiten oder auch nur Zeilen bedeutet.

Begleiten Sie meine Romanfiguren Reuter und Reitmayr durch ihre gänzlich differenten Universen, lesen Sie meine meistgelesenen Essays und erleben in den *Kurzzeilern* wieder schöne Momente, wie Sie sie bei der Postkartenserie hatten. Das Buch ist eine Melange verschiedener Textgenres und spiegelt meine Werkgenese der letzten Jahre wieder.

So, und nun kommt unsere Bahn. Lassen Sie uns gemeinsam losfahren. Haben Sie Ihr Ticket dabei?

Herzliche Grüße
Ihr
Jan C. Behmann

DOCH WENN SIE WÜSSTEN

Wenn Menschen wirklich wüssten, was Leben heißt,
sie würden anders sein.
Sie hätten Angst, aber nicht um den Urlaub.
Sie würden denken und fühlen, und nicht nur arbeiten.
Sie würden die guten Momente genießen und die
schlechten nicht verurteilen.
Sie würden begreifen, dass Sein Bewusstsein voraussetzt.
Sie würden viel mehr sein, was sie wären, ohne das, was
sie werden ließ, was sie nie waren.
Sie wären endlich da, sie wären gütig statt taktil.
Sie wären soviel mehr als dass sie unser Alltag sein lässt.
Doch wer mehr will, muss mehr sein.
Aber mehr zu sein, heißt Mut zu haben.
Denn der Mensch kommt allein, und er geht allein.
Aber was, wenn er allein bleibt?

DIE ZEIT DES VERLORENEN SEINS

Wo war ich, als das Leben gut zu mir war?
Wo war ich, als ich hätte genießen können?
Wo war ich, als ich hätte nur zugreifen müssen?
Wo war ich, als das Sein sich selbst genug war?
Wo war ich, als alle diese Fragen obsolet waren?
Wo war ich nur.

DER FLUCH DES GEWINNENS

Ach, wenn ich mal, ja wenn ich mal, sagen die Menschen und wollen nach oben.
Wollen gewinnen, aufsteigen.
Mehr als weiter, gar beyond.
Doch die Süße ist nur durch das Ferne möglich.
Denn Gewinnen heißt Erreichen.
Und Erreichen heißt abgrenzen von dem, was vorher war.
Gewinnen ist daher nur von unten schön. In den Gedanken des wäre-wenn.
Wenn wenn-dann nicht wäre, sondern ist, ist die Gemeinschaft des Aufblicks einer Einsamkeit des Habens ohne die Anderen gewichen.
Manchmal ist das das größte Hindernis des Gewinnenkönnens:
Den wahren Genuss des Erfolgs, kann man nicht teilen.
Man hat ihn, aber ganz allein.
Denn die anderen, die sind.
Aber ohne einen.

IM SCHEITERN GANZ RICHTIG

Es gilt es zu vermeiden,
tun Sie es bloß nicht!,
sagen sie.
Sie sagen es, weil man es ihnen sagte.
Immer und immer wieder.
Vermeiden ist das Erreichen.
Doch wenn alle vermeiden,
erreichen sie nicht das zu Vermeidende
in aller Stärke?
Warum sollte nicht im Scheitern
alle Richtigkeit des Seins liegen?
Ist der Mensch nicht die Summe seiner
Fehler, aus denen dann doch in
Nuancen das Richtige in seiner kleinen
Essenz wie ein Rinnsal aus der Ebbe
entspringt?
Scheitern als das Maß aller Dinge.
Als das Gegenteil von Scham.

DER INNERE STRAND

ESSAY Der im Kapitalismus domestizierte Bürger ist nicht resilient, wenn die Betäubungsmittel des Alltags wegfallen. Eine Entblößung des Seins

Es sei ja gar nichts mehr zu tun, sagte mir ein Freund, als der Lockdown seinen Höhepunkt erreicht hatte. Er ist damit ein Beispiel für viele. Die Menschen fühlten nach dem Wegfall des äußeren Gerüsts eine Leere, die mit innerer Anspannung einherging. Die Sinnfrage stellte sich nach kurzer Zeit. Was sollte man bloß mit der vielen Zeit anfangen, die man für sich nutzen könnte, aber die meisten verlernt haben, sie für sich zu nutzen. Der Mensch ist im Kapitalismus daran gewöhnt worden, dass Freizeit eine Mangelerscheinung ist. Nun haben die Menschen per se viel Zeit aber kaum mehr Koordinaten, was man machen könnte. Oder eben nicht. Denn Muße ist auch die Zeit, in der man mal einfach nichts macht. Aber wie ging denn das gleich nochmal?

Bringt uns ein Virus unserem Sein wieder näher?, könnte man fragen. Man kann das wohl mit Ja beantworten. Die Menschen sind im Kapitalismus zu einem dauernden Brummkreisel verkommen, der innen so leer ist, das es einen fürchten kann. Ein Buch heißt *Die Paradoxie der Erfüllung* (Martin Seel, Suhrkamp) und thematisiert *(Hinweis: wissenschaftliches Buch, nicht als „Ratgeber" fürs Lesen am Strand vorgesehen)* das, was die Menschen grad empfinden: endlich Ruhe und doch nur Lärm im Inneren.

Wenn man das bekommt, was man immer verlangte, ist nichts gleich super. Jim Carrey soll gesagt haben, jeder solle mal reich und berühmt sein, damit er/sie merke, dass es das nicht sei.

Sicher, Existenzängste plagen einige, aber wahrlich nicht alle. Viel mehr die Sorge vor der dröhnenden Erkenntnis, dass da innen eben nicht viel ist. Die Menschen denken, sie hätten Interessen, aber das ist ein Trugschluss. Sie sind zum Arbeiten und Geldausgeben erzogen worden, die Art und Weise variiert, mal mit mehr oder weniger Lametta, aber grundlegend ist es nur eins: Geld ausgeben und somit Anschlussverpflichtungen schaffen. Das Bild, in Ruhe am Strand zu sitzen, ist eine Fama. Denn das gibt es so leider nicht. Wenn, dann wird am Strand sitzen geplant. Es wird aufwendig hingefahren und ohne dass diejenigen es wirklich wahrnehmen, wird beim Hinsetzen schon das Gehen geplant. Es gibt kein rastloses Verweilen, die inneren Landschaften sind grau, betoniert und hoch. So wie die Zweckbauten in denen die Menschen arbeiten, sich in Aufzügen in Sekunden hoch- und runterschießen lassen und nicht protestieren, wie unmenschlich das sei. Sie sitzen in Transportmitteln wie Vieh und geiern auf Meilen. Sie wurden erzogen, sich selbst zu verkaufen, hinzugeben, klaglos die Reisescham auf sich zu nehmen. Urlaub ist auch nur eine Art Arbeit mit differenter werblicher Konnotation.

Die Millionenerbin Ise Bosch sagte in einer Reportage über Reichtum, ihr sei bewusst, das für sinnvolle Arbeit oft kein (oder nicht ausreichend) Geld bezahlt würde. Menschen, die sich aber für das Materielle entschieden haben, sind ebenso, wenn nicht gar mehr, in der Zwickmühle. Sie haben sich an den Kapitalismus verkauft. Der „big exit", genug Geld zu haben und von allen Existenzsorgen befreit zu sein, erfüllt sich in aller Regel nicht. Für ein handtuchgroßes Stück Rasen in einem seelenlosen Neubaugebiet, haben sie sich in ein Konstrukt der Abhängigkeit ergeben. Irgendwann kommt dann die Erkenntnis: nun ist es auch zu spät. Der Tod wird dann zur Alltagsbefreiung.

Konsum bzw. die Beschaffung von Gegenständen ist nicht grundlegend falsch oder gefährlich. Die Frage ist nur, was man wirklich will. Oder was die Gruppe will oder diese Gruppe insinuiert, was man zu haben hat, um Teil ihrer sein zu dürfen. Ise Bosch sagt in gleicher Reportage auch, dass sie sich die Frage stellt, ob sie etwas wirklich haben will. Denn mit ihrem ererbten Vermögen kann sie sich beinahe alles leisten. Ergo aus „Kann ich das haben?" ist bei ihr „Will ich das haben?" geworden. Ein sehr weiser Satz, der auch funktioniert, wenn man kein ein großes Vermögen besitzt. Denn jeder Traum ist in gewissen Sequenzen der Erfüllung eine weiterhin unerfüllbare Phantasie.

Das teure neue Auto ist nach kurzer Zeit eben nicht mehr der Kick; es ist schön, aber es ist nicht dieser Balsam wie beim Erwerb. Doch zu der Erkenntnis kann nur derjenige kommen, der auf seiner jeweiligen Konsumebene sich dieses Mechanismus' der Konsumwerbung bewusst wird. Nur dann kann man Konsum sinnvoll durchführen. Und ihn für sich begrenzen. Wenn der Bezahldienstleister anbietet „Zahlen Sie erst in 14 Tagen", muss die innere Stimme schreien: Auf keinen Fall! Das ist etwas, was viele verdrängen: Kaufen macht nur dann Spaß, wenn man es sich wirklich leisten kann. Alles, was auf Rille oder auf die nächste Gehaltszahlung schielend gekauft ist, ist ein Risiko und macht unterbewusst doch nur Sorgen. Es gilt der Erkenntnis ins Auge zu blicken, dass man sich gewisse Dinge einfach nicht leisten kann. Und wahrscheinlich auch in diesem Leben nie. So what?, muss die innere Stimme dann sagen. Es ist egal, denn dieser (negative) Mechanismus funktioniert auf jeder Einkommensstufe. Auch der Millionär ärgert sich, dass der Nachbar an der Cote (d'Ázur) sich ein längeres Boot oder ein noch besser getuntes Auto leisten kann. Die Zufriedenheit in der aktuellen bzw. dauerhaften Ebene zu finden, ist die Kür des Lebens. Wenn die „Coaches" in den sozialen Medien schreien „du musst es nur wollen", „jeder kann alles schaffen", dann ist das der neoliberale Imperativ, der indirekt sagt: du bist zu faul, schaff mal mehr, das reicht doch alles nicht. Das ist eine sehr, sehr böse Masche. Denn nicht jeder kann alles schaffen. Nein. Das wäre widernatürlich. Man kann Menschen fördern, mehr oder anderes (besser) zu schaffen, aber jeder hat seine Maximalkurve und die gilt es zu akzeptieren.

Wo aber soll man nun in seiner Existenz sein Handtuch hinlegen?, wäre die wichtige Frage, die es in jahrelanger Eigenreflektion zu beantworten gilt. Es gibt dazu keine Pauschalantwort. Sie ist changierend und wenig in Worte zu fassen, da das innere Gefühl nicht wahrhaftig in Worte zu fassen ist. Nur soviel: es muss passen. Man kann sich in einem finanzierten Reihenhaus mit Minigarten wohlfühlen. Aber das ist wahrlich kein Muss. Der Genuss einer Entscheidung oder das Aushalten der Folgen einer Entscheidung liegen in der vorangegangenen wahrhaften Freiwilligkeit der Entscheidung. Hat man sich wirklich durch seinen inneren Willen bewusst dafür entschieden? Oft ist das eben nicht der Fall, so sehr Menschen dem auch widersprechen. Es ist anzunehmen, dass keine Entscheidung gänzlich frei entschieden werden kann, ohne dass das immer in irgendeiner Art anwesende Umfeld berücksichtigt wird. Wenn das Selbst aber auch im Verzicht oder dem Konsens stabil bleibt, ist viel gewonnen. Dabei sollte man immer (das ist eigentlich anekdotisches Pflichtwissen) an die Fischer-Geschichte von Heinrich Böll, die er zum Tag der Arbeit im Jahr 1963 für den NDR schrieb, denken. Wenn man ruhig am Hafen chillen will, ist der externale Leistungs- und Erreichungsgedanke irrelevant, weil das antizipierte Zufriedenheitsgefühl sich durch Erreichung von Zielen (insbesondere der Gegenstandsbeschaffung), welche durch den Leistungsgedanken implementiert wurden, nicht einstellen wird. Wenn Sie also ruhig irgendwo rumliegen und nicht unruhig werden: Well done!

Die Frage ist und bleibt: Will ich das haben, kaufen oder sein? Und dann, dann ist es plötzlich ganz einfach.

Lesetipp Michael Bordt SJ: *Die Kunst sich selbst auszuhalten*

originäres Veröffentlichungsdatum: 12.08.2020

MOMENTVERLUST

Die Menschen rasen
den vermeintlich
schönen Momenten
entgegen,
während sie die selbigen
in genau dem Moment
verpassen.

REUTER?

Warum sollte man einem Freund statt etwas Materiellem nicht mal etwas Prosaisches schenken? Ein Freund musste für einen emotionalen, wichtigen Termin in die Schweiz und so schrieb ich ihm eine Geschichte mit meinem Protagonisten Reuter, den Sie in diesem Buch kennenlernen werden. Über Reuter wird es in Zukunft ganze Bücher geben, seien Sie gespannt. Hier nun eine kleine Einleitung ins „Reuter-Universum":

Reuter ist ein Mittdreißiger, unglücklich ver- besser gesagt entliebt (worden), und hat in der Verlagskrise seinen Job verloren. Er lebt in einem „Gemeindebau" (so sagt man in Wien; hier gemeint: sozialer Wohnbau) in einer Vorstadt von Frankfurt am Main. Seine gute Freundin ist Alba, eine freischaffende Künstlerin, welche ihr Werk im Bereich abstrakter Aktmalerei in Acryl auf Großleinwänden angesiedelt hat. Mangold ist Reuters guter und wohl einziger männlicher Freund. Ihn lernte er noch im Verlag kennen. Mangold ist bald vierzig und besitzt eine eigene Firma (über die in der dem Verlag angegliederten Zeitung berichtet wurde). Er ist wohlhabend und daher und generell in der Selbstüberzeugung etwas „overdriven".

ZÜRICH TO GO

Reuter rätselte manchmal, ob Schlaf der echtere Wachzustand war. Nur konnte er sich darüber meiste keine Gedanken machen, denn er war ja dann wach. Es surrte in ihm als würde eine elektrische Zahnbürste an seiner Stirn entlanggleiten. Immer und immer wieder. Drumherum war es dunkel. Unendliche Dunkelheit. Wenn da nicht dieser unermüdliche Ton und diese surrende Erschütterung gewesen wäre. Reuter begriff, dass er er war und wohl auch Reuter. Die Augen erhoben sich wie schlecht geölte Stahltore, um dann unvermittelt zu brennen anzufangen. Wenn geboren werden so war, verstand er die Schreie der Babys im Kreißsaal. Reuter tastete um sich herum. Es schien ein Bett zu sein, auf dem er lag. Wohl sein Bett. Wessen sonst? Albas vielleicht, aber auch da wäre er sich sicher, nur geschlafen zu haben.

Das Licht blendete ihn und er tastete weiter nach dem Störobjekt. Er erfühlte einen metallisch-kühlen Gegenstand, der ansteigend vibrierte und dudelte. Es war sein Smartphone; er fand den Leiseknopf nicht. Erschöpft vom Wachwerden, ließ er den Kopf ins Laken sinken. Er drückte die Knöpfe nacheinander, aber der Wecker hörte nicht auf. Er riss die Augen mit einem Ruck auf und versuchte zu akkomodieren. Er las eine lange Nummer auf dem Display. Der Wecker rief ihn nun auch an? Seine Augen gewöhnten sich an die Helligkeit, es schien schon fast Mittag zu sein. Reuter sah eine 041 als Vorwahl. Wo war das denn schon wieder? Wollte ihn jemand schon am Morgen nerven? In ihm breitete sich Widerstand auf.

Am liebsten hätte er sich mit „Wer stört?" gemeldet, aber das letzte und erste mal, dass er dies getan hatte, war es sein neuer und nun wieder alter Arbeitgeber gewesen. Es gibt keine zweite Chance für einen ersten Eindruck, dozierte Mangold immer wieder. Also ergriff er das Smartphone, drückte den grünen Knopf und ließ sich zu einem langgezogenen Hmmmmm hinreissen.

„Is' da de' Herr Reuter?", kehlte es aus dem Telefon. Reuter sah ein Alpenpanorama vor sich.

„Ich brauche keinen Käse, und eine Uhr, kann ich mir nicht leisten." Das fand er lustig, biss sich aber gleich auf die Zunge. Kein Rassismus!, echote es hinter seiner Stirn.

„Naaa, das haben wir nicht im Angebot, aber einen Freund von Ihnen."

Erpressung? Am frühen Morgen? Was wollten sie von ihm erpressen? Die Formel fürs Scheitern? Reuter rutschte im Bett in die fast Senkrechte. „Wer ist da, was fordern Sie?", hörte er sich peinlich wie in einem billigen Film fragen.

„Gar nichts, Herr Reuter, aber Ihr Freund bräuchte Ihre Hilfe. Hier ist die Kantonspolizei Zürich. Herr Mangold wollte ein wenig schneller zu uns in die Stadt, als es erlaubt ist", sagte die männliche, raue Stimme in den Apparat.

„Aha…", dachte Reuter sich halblaut und fragte sich, was daran verwunderlich war. Er kannte Mangold und seinen Bleifuß. Diese Unerbittlichkeit sich selbst gegenüber. Die Verweigerung gegen den Fortgang der Zeit.

„Leider gab es bei der Kontrolle ein kleines „Problemli" und Ihr Freund ist seit gestern Nacht in Gewahrsam. Aber auch das", leises Kichern wurde von Höflichkeit verschluckt, "ging ihm nicht schnell genug. Auf jedenfall will er schnell raus, aber er braucht jemanden, der ihn abholt."

„Aha, hat er keinen Führerschein mehr?"

Reuter war von dieser Informationsflut am Morgen überfordert.

„Das nicht direkt, er ist ja kein Staatsbürger", wieder dieses leise Lachen, „aber er hat sich in der Zelle leicht den Kopf eingeschlagen, weil er nachts durch die Tür wollte."

„Oh."

„Wann könnten Sie hier sein?"

Ja, wann konnte er sich eine Fahrt nach Zürich leisten? Fast wollte er sagen: Ginge es in zwei Monaten?, verschluckte den Satz dann aber.

„Bald. Ich kann Sie zurückrufen?"

„Ja, gern, wir sitzen ja nicht in der Zelle", kicherte es.

Reuter dachte dabei wieder an einen Scherzanruf.

„Wie heißen Sie eigentlich?", und erinnerte sich an Folgen *Aktenzeichen XY* mit Eduard Zimmermann.

„Adjutant Spyrie, Kantonspolizei Zürich. Meine Nummer sehen Sie im Display?"

„Ja."

„Adieu."

„Äh, ja auch."

Reuter setzte den Fuß auf seinen Bettvorleger arabischer Optik, den er am Mainbasar erfeilscht hatte. Alba im Hintergrund, wagte er alles, und bekam den Läufer mit den Verzierungen in Rubinrot und Ocker. Seitdem lief er gerne über diesen gelebten Grenzübertritt. Jetzt war es aber eher Schlurfen. Er hielt sich am Türrahmen fest, und atmete noch sehr nasal von einer Erkältung, die ihn letzte Woche durchweht hatte. Er griff sich ins verworrene Haar und stand im Wohnzimmer. Dann ging er weiter ins Bad, warf sich kaltes Wasser ins Gesicht wie in einer schlechten Werbung (gab es eigentlich Gute?, fragte er sich in Klammern). Die elektrische Zahnbürste röhrte leise über seine Zähne. Er hatte sich nicht für die beste, sondern die leiseste entschieden. Und dann herausgefunden, dass es die beste war. Das bestätigte ihn in der Bewertung von Stille.

Er hörte Rascheln und schaltete die Zahnbürste aus. Kein Rascheln, schaltete sie wieder an. Er spülte sich den Mund mit, angeblich „sanfter", Mundspülung und machte dann doch flügelartige Bewegungen als hätte er zu heiß gegessen. Wieder Rascheln. Er nahm Kutipps und reinigte sich die Ohren. Nein, daran lag es nicht. Er ging in die Küche, nichts. Wohnzimmer, nichts. Er stand im Schlafzimmer, Rascheln! Es kam aus dem Wohnzimmer. Das Sofa, über und über mit Zeitungen, aus denen oben Haare ragten. Gelockte, schwarze Haare.

„Morgen!", sagte der Zeitungsberg.

Alba! Alba?, dachte Reuter.

„Was machst du denn hier?"

„Ja, was wohl, Entenzucht. Sieht man das nicht?", raunte sie zurück. „Wir waren gestern unterwegs, Sie erinnern sich, Herr Reuter?"

„Achja."

„Achja, achja", äffte sie ihn nach. „Wo ist mein Kaffee?"

„Seh' ich aus wie ein Hotel?"

Alba guckte sich betont bewertend um, die Zeitung raschelte so laut, dass Reuters Kopf brummte.

„Nö, eher wie son' Gemeindebau."

„Na, danke!"

„Kaffee?"

Reuter lief genervt in die Küche, füllte den Wasserkocher und stellte ihn an. Er griff zur Kaffeedose und ließ den Verschluss aufschnappen. Der Kaffeeduft strömte ihm samtig entgegen und streichelte ihn. Daran sparte er nicht, sofern es möglich war. Er gab sechs Löffel und eine Prise Kakao auf den Haufen Kaffeepulver und wartete starrend auf das kochende Wasser. Er goss das brodelnde Wasser auf das Kaffeepulver, was sogleich zu schäumen begann.

„Wer wollte denn so dringend was von dir?", rief es von nebenan.

„Was?"

„Wer angerufen hat?", rief Alba in gleicher Lautstärke, stand aber nun in der Küche direkt neben Reuter, der zusammenzuckte.

„Schrei doch nicht so!"

„Pfff!"

„Die Polizei."

„Mangold?"

„Woher weisst du?"

„Mangold."

„Ja, aber...ach, egal."

„Wir müssen nach Zürich, bald."

„Wir?"

„Ja?!"

„Aha, ganz neue Infos vorm ersten Klogang."

„Igitt, Alba!"

„Nix igitt, menschlich."

„Nicht weiblich!"

„Doch!"

Reuter hielt sich am Küchenschrank ohne Türen an einem Brett fest.

„Das Problem ist, er ist in Gewahrsam."

„Sicher zurecht."

„Alba!"

„Ja, was denn? Mangold eben. Der raucht die *Dunnhill* mit Mundstück. Das allein gehört unter Strafe gestellt."

„Wie dem auch sei, er ist zu schnell gefahren, und hat sich dann den Kopf in Gewahrsam eingeschlagen."

„Polizeigewalt, hm? Wunderbar!"

„Alba!"

„Jaja, dem Kapitalisten nix Böses, du Kuscher."

„Wie kommen wir aber nun nach Zürich? Ohne Geld? Hast du nen' Sparstrumpf, eine private Künstlersozialkasse?"

Alba deutete auf ihre Füße.

„Siehst du?"

„Ähm, eingewachsener Zehennagel?"

„Ja, das auch. Aber wieso siehst du das?"

„Achso, kein Sparstrumpf. Gut dass du mit Wortwitzen kein Geld verdienst. Aber wie kommen wir nun billigst nach Zürich, schnell?"

„Kostenlos und schnell? Da gibt es einen Weg…"
Reuters Gesicht erhellte sich.
„…aber der wird dir nicht gefallen."

Reuter hätte sich vor einer halben Stunde nicht vorstellen können, wie sehr ihm das nicht gefallen würde, was Alba mit kostenlos und schnell meinte. Der Wind zerzauste ihm sein Haar, der Regen traf sein Gesicht wie Nadelstiche. Mit einer kleinen Tasche waren sie losgeeilt, Reuters Unterhosen in doppelter Anzahl, auch für Alba.

Sie standen an der Autobahnauffahrt A5 in der Nähe des Rebstockbads. Ganz im Westen von Frankfurt. Da seien die Chancen besser als im Osten, meinte Alba mit Bestimmtheit. Eine halbe Stunde standen sie nun da, mit einem eilig gebastelten Schild „Zürich oder gleiche Richtung". Die afroamerikanische Künstlerin in buntem Tuch und kaffeebrauner Lederjacke und der leicht übergewichtige blasse Reuter. Sie sahen aus wie eins dieser nostalgischen Fahrräder mit einem großen und einem kleinen Rad. Sogar einen Mittelfinger hatten sie kassiert. Besser gesagt, Reuter hatte ihn kassiert. Alba hatte es auch nicht besser erwischt, ihr wurden Blasgesten wie Luftküsse entgegengeworfen. Vom Rest der Autofahrer erhielten sie Verachtung.

„Das bringt doch nix, lass uns versuchen, mit der Bahn zu fahren."

„Ohne Ticket, wir? Da steht doch auf der Stirn: bitte kontrollieren sie extra! Das muss nicht mal nen' Ossi als Kontrolleur sein. Das weisst du doch."

Ja, leider wusste das Reuter. Es war eine schlimme Erfahrung, wie Menschen zu Ur- bzw. Untieren in Sekundenschnelle verkamen, wenn sie Alba sahen. Eine Schwarze Künstlerin mit sehr großen Brüsten und Po: man kam nirgends unbeachtet lang. Leider meistens beleidigt oder gedemütigt oder beides. Affenrufe waren dabei noch das geringste Übel. Schon oft waren sie nur knapp einem Übergriff entkommen, einmal war Alba eine Bierflasche an den Kopf geflogen. Doch, das bewunderte Reuter zutiefst, sie ließ sich nicht unterkriegen, was aber nicht hieß, dass sie nicht litt. Er selbst wusste nicht, ob er das im Alltag so aushalten könnte.

Ruuuuusch, der LKW hielt. „Hilft euch Freiburg?" Beide nickten. Vielleicht hätten sie auch bei Hamburg genickt. Im Führerhaus von Detlef roch es nach Kaffee und Gebäck. Detlef (Detlef, natürlich Detlef, dachte Reuter) war wie man sich einen Trucker vorstellte. Übergewichtig, bärtig und tätowiert.

„Ihr beiden", sagte er in den Regen starrend, „müsst' aufpassen. Ich will ja nix sagen, aber ihr seid keine gute Kombi. Und ich wähle nicht mal AfD." Endlich mal was Neues, dachte Reuter und Alba zog einen Socken aus, und bearbeitete ihren eingewachsenen Zehennagel.

„Komisch, das Blut, ist bei euch auch rot?"

„Hm?"

„Na da, das Blut deiner Freundin."

„Ja, was soll's denn sonst sein? Lavaschwarz?", grimmte Reuter.

„Lass es", zischte Alba, „besser so als noch ganz anders."

In der engen Truckerkabine roch es nach verwehten

Zigaretten und verschwendeter Lebenszeit. Vielleicht ein Fluch dieses Lebens auf Achse, dachte Reuter.

„Sag mal", der Trucker wandte sich an Alba, „sind deine Eltern eigentlich Basketballfans?"

Reuter stutzte. Was sollte denn da jetzt noch kommen?

Alba blickte ihn stoisch an.

„Na wegen deines Namens?"

„Nein, das ist mein Künstlername. Es heißt soviel wie ‚weiß'."

Der Trucker schaute ungläubig.

„Das stimmt doch aber gar nicht?", raunte er.

Alba schaute auf die Straße.

„Bei den Menschen stimmt generell so einiges nicht."

Sie rauschten die A5 gen Süden. In Freiburg hatten sie schneller Anschluss gefunden, als Reuter lieb gewesen war. Seine Blase drückte, als Alba ihn schon auf die Rückbank eines roten *Alhambras* lotste. Ingenieursehepaar aus Salzhemmendorf auf dem Weg an den Pfäffiker See.

„Waren Sie schon mal in Auslikon?"

Beide schüttelten den Kopf, wie die Kinder, die eigentlich auf die Rückbank gehörten, aber auf Zeltlager waren.

„Wollten die doch beide nicht mit, glaubt man es! Sie werden so schnell groß."

Phrasenzeit, dachte Reuter.

Die Herzogs waren in den Vierzigern, hatten ein kleines aber „neckisches" Reihenhaus in Klinkeroptik. Sie mit Kurzhaarschnitt, er mit Kurzarmhemd. Zwei Kinder, sieben und neun. Friedrich und Helena. Vor Reuter wackelte

Helenas DVD-Monitor; er war aus. Als die Herzogs sie in Zürich am Hauptbahnhof rausließen („Klar fahr'n wir euch rein!") entknackten sich Reuters Knie und sein Hals war trocken. So konnte er nur nicken, während Alba sich herzlich parlierend bedankte. Reuter warf ihr abkürzende Blicke zu.

„Sei doch nicht so, nette Leute."

„Hm."

„Nix hm!"

„Die sind alles, was wir nicht sein wollen."

„Na und? Aber sie sind nett und haben uns hierher gebracht für wieviel Euro? Na!"

Reuter grimmte wieder.

Die schmiedeeiserne Tür des Zentralkommissariats öffnete sich, Alba drückte die Tür auf.

„Grüezi!", glimmte Alba auf regionalen Kontakt bedacht.

„Guten Tag!", kehlte es von einem hageren Schulterklappenträger sachlich zurück.

„Wir suchen Mangold."

„Aha."

„Frederic Mangold", sagte Alba zuckersüß.

„Ah, der Deutsche."

„Ohoh", raunte Reuter.

„Psst. Lass mich machen."

„Genau den, den würden wir gern wieder mitnehmen."

„Das geht nicht."

„Wieso, wir sollten ihn doch abholen? Hier sind wir!"

„Das ist schön. Der Herr ‚Geheimrat' Mangold", der Polizist kicherte tuntig wie der Adjutant vorhin am Telefon, „hat es sich anders überlegt. Er hat die Sicherheitsleistung mit *Paypal* bezahlt und sich gegen ärztlichen Rat aus der Zelle entfernt."

„Seit wann kann man sich selbst aus einer Zelle entfernen? Die sind doch dafür da, dass man nicht geht", zickte Alba.

Reuter schaute benebelt.

„Ja, aber heute morgen war seine Gewahrsamszeit zu Ende und der Polizeiarzt hat ihn gegen Unterschrift gehen lassen."

„Und wo finden wir ihn nun?", meinte Reuter.

„Bin ich die Auskunft? Rufens ihn doch an, Ihren Freund." Damit drehte der Polizist sich zum Gehen um.

„Achja, obwohl. Er hat sein Handy hier vergessen. Wenn Sie ihn sehen, sagen Sie ihm, er kann es abholen."

„Und wo sollen wir ihn nun finden? Und wie sollen wir ohne ihn zurückkommen?", fragte Reuter am Rande seines Nervenbandes.

Alba rührte in einem dieser geriffelten Plastikbecher mit einem Holzstäbchen in etwas, das der Mann von der Baustellenkantine „Kaffee" genannt hatte.

„Weiß nicht. Lass uns einfach durch die Stadt streifen."

„Na wunderbar. Gute Idee. In einer der teuersten Städte Europas, in der eine billige Pizza schon so viel wie ein Drei-Gänge-Menü hinter der Grenze kostet."

„Es ist dein Freund, Reuter."

„Hm."

„Nix hm."

Sie gingen ziellos durch die blitzende Innenstadt, die so sauber war, dass Reuter manchmal das Ende einer Kulisse erwartete, hinter der es nicht weiterging. Doch es schien echt hier zu sein. Die Preise im Supermarkt waren es auf jedenfall. Alba kramte nervös in ihrem Portemonnaie. Sie hatte sich im Preis vertan, weil sie ihre Brille nicht aufhatte. Nun hatten sie mit Reuters letztem Fünfer ein Quarkhörnchen bezahlt. Und jetzt hieß es: rien de va plus.

Vielleicht ließ die Erschöpfung gepaart mit Geldlosigkeit die besten Ideen erst entstehen. Vielleicht wären Steve Jobs seine Ideen auch nicht außerhalb einer Garage gekommen? So jedenfalls war Alba die Idee gekommen, als sie frierend am Zürichsee mit Blick auf die große Turmuhr saßen, dass Mangold nur da sein könnte, wo es sehr teuer und extravagant sei. Leider war aber in Zürich irgendwie alles teuer, und Mangold weiterhin ohne Handy. Das Schicksal war gütig mit ihnen oder es war doch ihre analytische Fähigkeit. Alba hatte unter genervten Blicken von Reuter die teuersten Hotels der Stadt gegoogelt. Nur die mit Seeblick und schönem Namen berücksichtigt und schon waren sie ins *Beau'Hotel de Zurich* gestolpert.

Beide in eher derangierter Kleidung, wirkten sie in der plüschigen Eingangshalle des Hotels wie eine Fehlbesetzung. Lieferanteneingang hinten!, wäre für sie die richtige Regieanweisung gewesen. Über jedem Fenster war eine blau-weiß gestreifte Markise gespannt, das Abendlicht vom See blinkte durch die perfekt geputzten Fenster und in der Lobby fühlte sich die kühle Seeluft erfrischend und nicht erfrierend an. Was doch ein kleiner Ortswechsel bewirken konnte, dachte Reuter.

Alba war es wieder, die voranschritt und sich der Blicke ihrer wegen gar keine Gedanken zu machen schien. Ob ein Herr Mangold zu Gast sei, fragte sie im servilen Ton, den Reuter gar nicht von ihr kannte. Als Reuter hörte, der Herr Mangold sei im Restaurant *Le Croc* zugegen, dachte er erst, er fabuliere schon, und wollte sich Wasser in der Toilette ins Gesicht schütten. Der Herr von der Rezeption zeigte ihnen aber unaufgeregt den Weg Richtung Restaurant, um dann aber doch leicht zu hüsteln.

„Meine Dame, mein Herr", er wandte sich, „es tut mir leid, aber ich muss Sie höflichst auf unseren hier existierenden Dresscode für unsere Restaurants hinweisen." Es schien ihm ehrlich unangenehm. Vielleicht war er unter dem dunkelblauen Anzug volltätowiert und zählte die Tage bis zur beruflichen Selbstbestimmung?

„Könnten Sie den Herrn Mangold vielleicht rausbitten?", fragte Alba und Reuter war wieder über ihre diplomatischen Fähigkeiten verwundert. Er lernte auf dieser ungeplanten Reise ganz neue Seiten von Alba kennen. Der Mann von der Rezeption verschwand und kam nur wenige Sekunden später mit Mangold wieder. Die Haare in Pomade, fixiert in einem blütenweißen Hemd seiner Lieblingsmarke *Kiton* (soweit hatte es sich Reuter der Freundschaft wegen aber dennoch widerwillig gemerkt) und einer eleganten Chino mit dunkelbraunen Wildlederslippern und goldener Schnalle. Der Gürtel von *Hermès,* bei dem man Schnalle und Gürtel separat kaufen musste. Auch das hatte

Reuter sich gemerkt. Dass er Reuter und Alba auch nur kannte, wirkte eher wie ein Versehen des Schicksals.

„Wie schön euch zu sehen!", rief Mangold durch die halbe Empfangshalle. Vielleicht dachte er, dachte Reuter, dass Angriff in dieser Umgebung doch die beste Taktik wäre. Die verschollene, verarmte Verwandtschaft, einfach laut umarmen und dann im See versenken - oder so. „Und auch die Frau Künstlerin, Sie kennen Ihre Bilder nicht, ganz begabtes Mädel!" sagte er und zeigte auf Alba und schaute den Rezeptionisten an, der untertänigst lächelte.

„Der Penner ist doch auf Koks", grunzte Alba leise.

„Ne, Mangold einfach, oder?"

„Wie der immer tut als sei er fucking fünfzig und sonst was. Penner."

„Alba, bitte."

„Danke."

„Wie?"

„Och, Reuter."

Die Wunde hatte er wirklich. Über der linken Braue, was ihm aber gar nicht abträglich zukam. Eher sah es aus wie eine Lebenswunde, die er mit der ihm eigenen Art der natürlichen Haltung trug. Ähnlich wie Männer mit hässlichen Narben, die sie mit einer Selbstverständlichkeit trugen, sodass die Damenwelt dies sogar als besonders anziehendes Merkmal wahrnahm. Reuter wunderte sich immer wieder über diese Wirkweise; er selbst hätte eine Narbe wohl nie so tragen können.

„So, meine Lieben, was macht denn ihr hier? Eine kleine kulinarische Reise?"

„Ja, klar, wir hatten eine kurze Champagnertour vor. Die freie Künstlerin und der Arbeitslose. Natürlich. Irgendwo muss das Geld ja hin."

„Ach, wirklich?", Mangold dachte wohl kurz wirklich, sie meinte es ernst.

„Nein, natürlich nicht du borniertert Affe. Die Polizei hatte Reuter angerufen und dann sind wir hierher getrampt. Wir wussten ja nicht, dass du dich hier ins dolce-vita-Leben fallen lässt. Es klang eher nach Gefangen-in-einer-Zelle."

„Tja, alles wird überwunden."

„Schade."

„Aber ihr seid hier. Gehen wir gemeinsam zu Tische?"

„Äh, ja, also", konnte Reuter nur anfangen, dann übernahm Alba den Satz.

„Ja, auf deine Kosten. Wir sind hier hergetrampt. Für dich!"

„Wie geht das denn?"

„Was?"

„Trampen?"

„Willst du uns eigentlich verarschen?"

„Nein, nein, nur ein kleiner Scherz niederen Sujets." Mangold kicherte und griff seine Zigarettenspitze und die *Dunhills* aus seinem marineblauen Sakko mit den goldenen Seemannsknöpfen.

„Kommt, lasst uns eine rauchen und dann lade ich euch zum Essen ein."

„Und wann fahren wir mit deinem Auto wieder zurück?"

„Ja, also", und hier wurde Mangold dann doch wortkarg, „das besprechen wir besser beim Essen und einem guten Wein."

Sie saßen auf der Terrasse des *Le Croc* und schauten über den ruhigen Zürichsee. Die Sonne stand tief und die Nacht zog auf. Man servierte ihnen Kaffee in feinem Porzellan und Reuter war mehr mit der Vorsicht beschäftigt, es nicht zu zerstören, als den Kaffee zu trinken.

„Siebträger, merkt man sofort, nicht?"

„Kaffee, ist ok", sagte Alba.

„Lecker, ok", schloss Reuter sich an.

„Mensch, Reuter, so still. Was ist los?"

„Vielleicht etwas viel Aufregung in den letzten vierundzwanzig Stunden."

„Ach was, den Abend lassen wir nun hier schön ausklingen und dann schlaft ihr euch erstmal schön aus."

„Wo denn?", ließ Alba gleich anklingen.

„In eurem Hotel?"

„Wir haben kein Hotel, weil wir kein Geld haben. Damit auch du es endlich mal kapierst."

„Achso?", Mangold klang eine Oktave höher.

„Ja, Mensch, wir sind ja hier nicht aus Menschenliebe hergetrampt."

„Achso, ich dachte so das Abenteuer, nah an den Menschen und so? Dann kann Reuter endlich mit seinem ersten Roman beginnen."

„Nee", sagten Reuter und Alba entnervt im Chor.

„Naja, ich lasse euch Zimmer im *MotelOne* reservieren. Oder doch lieber eins zusammen?", ließ er sich nicht nehmen mit Augenzwinkern zu fragen.

„Nee!", riefen beide etwas zu laut aus. Vom Nachbartisch wurden ihnen vernichtende Blicke zugeworfen.

„Danke, Mangold", rang sich Reuter ab.

„Natürlich", antwortete Mangold ganz ernsthaft – und meinte es auch so.

Sie blickten alle auf den See, der Kaffee dampfte aus dem feinen Porzellan und Reuter dachte sich kurz, so ein Leben mit Geld, sei auch nicht so verwerflich wie er immer dachte.

„Jetzt lasst uns ins Restaurant gehen!", sagte Mangold und erhob sich schon.

„Das geht doch nicht, wegen unserer Klamotten."

„Achso, jaja, da war ja was. Was machen wir denn da?", fragte Mangold mehr sich als die anderen. Er erhob sich und schritt schnellen Fußes in die Lobby.

„Kommt, wir können herein!", rief er von der Tür aus.

Alba und Reuter schauten sich fragend an und standen auf.

„Wie hast du das denn geregelt?", fragte Reuter leise.

„Mit einem kleinen Geschenkli", lachte Mangold leise und mimte schweizerischen Dialekt.

„Klar, womit solltest du sonst etwas regeln? Empathie vielleicht?", grummelte Alba.

„Nein, dafür haben wir ja die linke Künstlerelite, die alles richtig macht", lachte Mangold und zeigte einladend in das Restaurant.

„Herr Mangold, einen schönen guten Abend, herzlich willkommen im *Le Croc*. Darf ich Sie und Ihre Freunde in diese Ecke des Restaurants leiten?"

„Ja, sehr gern."

Alba äffte Mangolds Antworten leise nach. Reuter guckte sie vernichtend an.

Sie bekamen einen Gruß aus der Küche, ein Lachs mit Schaum von etwas anderem aus dem Meer. Dann folgte eine Suppe aus Garnelenschwänzen, als Hauptgang eine Kalbsleber, rosa gebraten, auf Naturreis mit einer Senf-Safransauce. Als Dessert kam ein Zitronensorbet auf extra dafür geeisten Tellern. Reuter konnte sich nur wundern, das hatte er rund um den Gemeindebau noch nie gesehen. Er wischte sich den Mund nicht nur von Essensresten ab, sondern auch vom Schweiß, der ihm über die Mundwinkel lief, wenn er das ganze Besteck sah. Und wie leicht Mangold dies alles mit einer Selbstverständlichkeit passieren ließ. Das Bestellen hatten sie ihm gleich komplett überlassen und Mangold ließ es sich natürlich nicht nehmen, eine vorzügliche Auswahl für sich und seine Begleitungen zu treffen. Das Ganze wurde von korrespondierenden Weinen abgerundet, deren Namen Reuter noch nie gehört hatte und bei deren Preisen ihm der Kopf rot anlief. Nach einem abschließenden Espresso aus dickwandigen, heißen Tassen, rieb sich Mangold über den Bauch und atmete zufrieden aus.

„Und, was machen wir mit dem frischen Abend?" Er schaute beide erwartungsvoll an.

„Ins Hotel?"

„Aber, aber, junge Dame. Nicht so schnell mit den schlafenden Pferden! Nehmen wir noch einen Absacker in der Bar?"

„Tja, nun Mangold, also…", begann Reuter.
„Auf meine Kosten, natürlich."
„Das ist ja auch das Mindeste!"
„Ach, Alba, nun lass auch wirklich mal gut sein."

Sie guckte Reuter an, der müde schaute. Mangold grinste.

„Na gut. Aber wie kommen wir morgen nun nachhause?"

„Tja, also," und hier wurde Mangold zögerlich. „Wir müssten wohl einen Flug nehmen. A conto meiner Person natürlich."

„A co..was?"
„Auf meine Kosten, on my expences…"
„Was ist mit deinem Auto?", fragte Alba.
„Tja, das ist gestern leider etwas demoliert worden. Kleiner Betriebsunfall", lächelte Mangold.
„Als du dir den Kopf angestoßen hast?", fragte Reuter.
„Nein, da habe ich mich nur in der Zelle ein wenig gestoßen. Der eine Polizist, wollte es zum Asservieren in die Tiefgarage einparken, dabei gab es eine leichte Verwechslung der Pedale. Der Herr war keine Automatik gewöhnt."

„Und jetzt?"
„Jetzt hat mein A8 leider eine kleine Delle vorne."
„Und warum kann man damit nicht mit nachhause fahren?"

„Nunja", räusperte Mangold sich, „hier seht selbst", und zog sein Handy aus der Sakkotasche.

„Du hast ja dein Handy?", fragte Alba erbost.

„Ja", sagte Mangold, „habe es mir um kurz nach fünf Uhr bei der Polizeistation abgeholt, als ich wieder aus dem Hotel-Jacuzzi raus war."

Alba verdrehte entnervt die Augen.

„Dann hätten wir ja nur auf dich dort warten müssen!" Mangold nickte und Alba umgriff ihre Gabel.

Nunja, dachte Reuter sich, als er das Bild von Mangolds Auto sah. Das war wirklich etwas mehr als eine Delle. Selbst er, der sich mit Fahrzeugschäden nicht auskannte, sah, dass dies hier ein fundamentaler Schaden war. Der Adjutant schien mit voller Wucht in die Parkhauswand eingeschlagen zu sein. Vom Kühlergrill war nicht mehr viel übrig und die Motorhaube war wie ein Buchrücken eingeknickt. Reuter pfiff durch die Zähne.

„Ach, alles halb so wild. Zahlt ja die Polizei!", frohlockte Mangold, als wäre es ein Highlight seiner Zürichreise.

„Passt euch morgen ein Flug gegen Vormittag?"

„Was ist Vormittag für dich?", fragte Reuter vorsichtig. Ihm war Mangolds Hang zu frühem Aufstehen nur allzu sehr bekannt.

„Naja, ich dachte so um halb sieben, meine Künstlerclique."

Alba und Reuter schauten.

„Na gut, nehmen wir den Flug um 10:15 Uhr. Wie findet ihr das? Habe uns drei Plätze zusammengebucht."

„Wunderbar", raunte Alba und rollte die Augen.

Reuters Handy klingelte um 06:30. Mit langsamen Bewegungen hatte er sich zuerst unter die Dusche und dann vor dem großen Spiegel die Zähne geputzt und sich begutachtet. Zuhause hatte er nur einen kleinen Spiegelschrank, einen Ganzkörperspiegel hatte er sich nie zugelegt; das fand er zu selbstsüchtig. Beim Frühstück blieb er stumm und auch Alba sah keine motivierende Veranlassung ein Gespräch zu beginnen. Beide schlürften ihren lauen Automatenkaffee und warteten auf die Dinge. Um 07:30 kam Mangold mit einem Schuss zu viel *Dior*-Parfüm um die Ecke, sodass Alba sich erstmal demonstrativ die Nase zuhielt.

„Guten Morgen! Seid ihr bereit? Das Taxi wartet."

Beide ließen sich auf den Rücksitz fallen, Mangold plumpste auf den Beifahrerplatz und dirigierte den Taxifahrer mit strikten Anweisungen zum Flughafen, was der mit grimmigen Blicken wortlos kommentierte.

Nach einem weiteren Kaffee, nun aus einer Siebträgermaschine, saßen sie im Gateraum. Mangold shoppte sich die Seele im Duty free glücklich, während sich Reuter und Alba um jede Minute Ausruhen rissen. Für beide war das Fliegen nicht so leicht, wie sich das in der Gedankenwelt von Mangold darstellte. Doch Angst hatten alle drei.

Reuter hatte Angst vor Geschwindigkeit, Alba hatte Angst vor Enge und Mangold Angst vor Nichtbeachtung. So saßen sie nun zu dritt im hinteren Drittel (sicherste Ecke!) und Mangold schnipste, noch während die anderen Gäste einstiegen, mit der Hand mit dem goldenen Siegelring, um sich einen *Brandy Alexander* zu bestellen.

Als die Flugbegleiterin, Anfang zwanzig und mit immenser Spachtelmasse im Gesicht, erst genervt und dann verstört guckte, arbeitete Reuter daran, unsichtbar zu werden. Alba hingegen rüttelte an den Armlehnen: „Waren die immer so eng?"

„Die müssen so!", sagte Mangold und macht eine wegwerfende Handbewegung.

„Achja? Weil?"

„Ja, weil so der Gast sicher fixiert ist."

„Wieso muss ich fixiert sein? Ich bin ein freier Mensch!"

„Seit wann ist Fliegen was für freie Menschen? Es ist die reguliertste Art zu reisen. Damit auch die sicherste. Aber, nunja, freier ist man höchstens weiter vorne. Aber da sitzen wir heute nicht."

„Will ja auch nicht fliegen, sondern geflogen werden."

„Doch nicht als Pilotin! Wer will schon selber fliegen? Als Business-Class-Gast! Das versteht sich doch von selbst."

„War ja klar, du borniert er Affe. Wie soll sich eine ehrlich schaffende Künstlerin das denn leisten?"

„Tja, da sehe ich schwarz."

Reuters Augen wurden zu Pizzatellern.

„Mangold!"

„Ja, was? Bei dem, was die im Jahr verdient, kann sie nur bis zur Haustür Business fliegen."

„Darum geht es nicht!"

„Um was dann?"

Mangold biss in einen mitgebrachten *Valrhona*-Riegel, dass es knatschte.

„Ist doch alles relaxed. Take it easy. Bemitleidet mich lieber."

„Wieso nun schon wieder?"
„Wegen meiner wenig passablen Sitzsituation."
„Wegen uns, willst du damit sagen?"
„Ja, wegen euch, um genau zu sein. Ich wollte euch nicht alleine lassen."
„Wir hätten verzichtet."
„Hättet ihr nicht gewollt."
„Doch."
„Alba."
„Was? Der borniete Affe geht mir auf den Sack."
„Auch ein wenig Konfekt?" galantierte Mangold mit gefälligem Grinsen.
„Nicht mal in der Hölle."
„Aber da wären wir doch grad, wenn ich Herrn Reuter so anschaue, der auf invisible tut."
„Wie?"
„Ja, sehr wohl, du, Mister Ungesehen."
„Ich will euch nur nicht in der Entfaltung eurer Zuneigung bremsen."

Mangold beschäftigte sich plötzlich mit seiner Fensterblende und Alba räumte das Sitznetz vor sich auf.

„Hallo! Entschuldigung, Frau Stewardess!"

Mangold lehnte den Begriff „Flugbegleiterin" kategorisch ab.

„Ja?"
„Haben Sie wohl eine *Wirtschaftswoche* für mich?"
„Eine was?"
„Eine…das ist eine Zeitung…", er räusperte sich vor den Kopf gestoßen und hob die Stimme an. Mangold

schaute in das ratlos dreinschauende Gesicht dieser jungen Frau, die sich unter Globetrotter-Atmosphäre etwas anderes als den Arbeitsalltag auf Kurzstrecke vorgestellt hatte.

„Wir haben eine App, die können Sie downloaden und sich dann eine Zeitung aussuchen, wie die *Gala* oder Ihre *Woche*."

„Sie meinen *Wirtschaftswoche. Die Woche* ist schon lange eingestellt."

Die junge Frau blickte ihn an wie einen Irren und ging wortlos in die Galley.

„Seelenlose Türbewacherin", zischte Mangold.

Reuter sank zwischen den beiden zusammen.

„Im Gegensatz zu dir", keifte Alba.

„Achja?", Mangold genoss den Moment und strich sich durch die Pomade.

„Kleb nicht an deinem Sekundenkleber fest!"

„Das ist Pomade, das muss so. Wie die Armlehnen."

Reuter war froh, dass Alba noch kein Plastikmesser vom Catering in der Hand hatte. Nur zu gerne hätte sie es wohl in seinen Arm mit der Goldkette reingerammt. Die Goldkette in der sein Name eingraviert war. „Damit du dich selbst nicht vergisst", brachte sie bei jeder Gelegenheit an. Mangold machte das nur immer noch gelassener.

Das ein oder andere Mal war Alba dann unter dem Ausrufen von Hasstiraden gegangen, aber das ging nun nicht. Mindestens eine Stunde und zehn Minuten saßen sie in einer aufgepumpten Röhre aus Faserverbundstoffen in engen Sitzen, die wie Schuhanzieher für Menschenkörper waren.

Reuter suchte die Decke nach Monitoren ab. Vergeblich. Entertainment gestand man ihm auf diesem Flug nur von seinen Sitznachbarn zu. Die Sache mit dem Cateringgeschirr hatte sich aber von selbst erledigt, es gab lediglich belegte, fertig verpackte Baguettes. Und die waren so weich, dass jede punitive Tätigkeit an Mangold eher als Scherzattacke gewertet worden wäre. Der Flug verlief (für Reuter erst nach dem Start) soweit reibungslos. Mangold blätterte in irgendeinem Jahresreport und grunzte bei bestimmten Zahlen, schnalzte mit der Zunge oder kommentierte für einen unsichtbaren Zuhörer Vorstandsgehälter. Alba strich sich rhythmisch den Rock glatt, und hielt sich damit die Armlehnen auf Abstand.

Reuter schaute auf die Welt herunter. Die Wolkendecke, die Städte und Landschaften unter ihm. All das, was sie mit so einer unglaublichen Geschwindigkeit überflogen und dennoch in dieser Röhre die gleiche Existenzgeschwindigkeit hatten, wie die Menschen da unten am Boden, deren Leben weiterlief, egal ob sie hier oben flogen oder nicht. Sie nahmen eine Auszeit von dem Sein und blickten auf selbiges, ohne den Zeitkorridor verlassen zu können. Und doch merkte Reuter ein eigenartiges Gefühl der Freiheit. Er schloss die Augen und überließ sich dem Surren dieser fremden Welt.

GEWINNEN, ANDERS

Es ist nichts verloren, wenn es darum geht, zu gewinnen.
Doch das Gewinnen ist nicht das, was Sie denken.
Gewinnen ist eh etwas ganz anderes, als Menschen sich
öffentlich suggerieren.
Es gibt kein öffentliches Gewinnen.
Das ist nur Inszenierung von etwas, was jeder als
Tarnung des Verlierens vollführt.
Das wirkliche Gewinnen, ist der Zustand des
nicht mehr Gewinnenwollens.
Wer es schafft, sich weitestgehend von allem zu trennen,
was von extern will, statt zu bitten,
hat es weit gebracht.
Zu weit für die meisten Menschen.
Denn darin liegt die eigentliche Verwirrung des Gewinnens ohne Wollen.
Wer den Zustand der Unabhängigkeit erreicht hat, wird
dies nicht durch Zustimmung erfahren.
Nein, es wird ihm, wenn, durch Ablehnung klarwerden.
Doch wie dann leben?
Mit sich, rufen Sie. Jaja, das denkt man so.
Doch der innere Maschinenraum wird laut, so ganz ohne
den dämmenden Lärm der Anderen.
Man sollte sich ein guter Freund sein. Ohja!
Denn das ist die einzige Beziehung, die es braucht.
Zu sich selbst.
Sind Sie noch da?

DIE SCHEINBARE LÖSUNG
VON ALLEM

Wenn Sie denken, die anderen würden sich für Sie interessieren, dann irren Sie. Denn das einzige, für das sich Menschen interessieren, ist der Abgleich von sich zu den anderen. Es ist der stetige Vergleich, um sich selbst seiner eigenen Richtigkeit zu versichern.
Denn entgegen der alltäglichen Meinung - durch die Zwänge des Alltags - ist vielen Menschen gar nicht klar, ob, und wenn ja, wie sie existieren.

Menschen lernen oft ihre eigene Existenz im freien Raum nur dadurch kennen, dass sie unter Nichtbeachtung ihrer Grenzen die selbigen erreichen. Wenn sie diese Grenzen dann überschreiten, merken sie erst, dass da etwas ist was existiert und was keine Garantie zur weiteren Existenz hat.

Eigentlich ist es verrückt, jeden morgen früh aufzustehen und einer Arbeit nachzugehen. Eigentlich ist alles das, was wir aus gesellschaftlicher Verpflichtung heraus tun,
was wir fühlen tun zu müssen, ein Witz.

Doch wenn sie glauben, mit dieser fatalistischen Einstellung wäre es getan und das Leben gedacht, dann irren Sie sich schwer.
Der Mensch hätte es so gern, diese einfache klare Lösung.
Doch wahrscheinlich liegt die einzig für den Menschen

kognitiv greifbare Lösung für das Leben darin, zu ertragen und anzuerkennen, dass es eben keine Lösung gibt.

Das Leben in der für uns greifbaren Vollkommenheit, ist frei von finalen Lösungen.

Wir können uns einer scheinbaren Lösung entgegenringen, doch dieser Weg ist
nur dann für den Menschen denkbar, wenn er akzeptiert, dass er nicht zu Ende denkbar ist.
Menschen bleiben immer einzelne Inseln ihres selbst.

FREITAGS NUR GUTES

Reitmayr schlenderte über die Freßgass' gen seines Büros. Am Kiosk drehte er die Zeitungsständer. Die wurden immer leerer, aber bei Kiosk *Kismet,* gleich neben dem *Café,* gab es wenigstens noch eine breitere Auswahl. Er blieb am *Freitag* hängen und blätterte in der Ausgabe. Reitmayr war kein klassischer Abonnent. Seydler würde jetzt kurz lachen, wenn er ihn mit dem „linken Organ" sehen würde. Doch Reitmayr war da nicht festgelegt. Intelligenz sollte doch grade von links kommen, dachte er, und musste selber lachen. Er, der konservative Anwalt. Er legte einen Heiermann auf den Tresen und wünschte dem Inhaber einen guten Tag. *Der Freitag,* Reitmayr guckte zufrieden. Das klang fast wie ‚Schönes Wochenende'.

DIE KAPITALISMUSRASPEL

Es regnete wie wild an die großen Scheiben seines Eckbüros im Frankfurter Tower.

„Mir doch scheißegal, ob die Referendare müde sind!", schrie Reitmayr ins Telefon.
„So lernen sie gleich wie es läuft. Wir werden sie an der Kapitalismusraspel aufreiben. Die wollen ne' teure Uhr am Handgelenk und ein Coupé in der Garage. Das ist der Preis, nichts ist ohne verdammten Preis in diesem System!"

Er schlug den Hörer so hart auf das Telefon, dass es vom Tisch rutschte und krachend zu Boden ging.
„Scheißsystem!", schrie er den Kabelsalat auf dem handgeknüpften Teppich an und machte Schattenboxen in seinem Büro.

Erfolgreicher Anwalt müsste man sein, dachte er. Dann sah er auf seine Visitenkarte:
Fachanwalt für Wirtschaftsrecht | Partner.

Scheiße, nur noch scheiße, dachte er.

DER ANWALT EINER ANDEREN ART

Fiedler war Reitmayr gleich aufgefallen. Er war anders als die ganzen Horden von Absolventen, die Jahr für Jahr wie auf einer Viehauktion eingekauft wurden. Waren es vor ein paar Jahren noch Messen, auf denen sie um den Nachwuchs warben, traf man sich heute in hippen Szeneläden und duzte sich. Reitmayr hatte der Wiegengeruch des Juristen gefehlt. Viele der Absolventen schienen für diesen Beruf schon geboren worden zu sein – und nicht im positiven. Sie durchliefen die Karriere wie einen choreographierten Hürdenlauf. Sie kamen an, waren adrett gekleidet, schienen brav und waren es selten. Sie hatten mittlerweile gestutzte Bärte und dünne Hornbrillen. Ihr Haar war korrekt gescheitelt und unauffällig gegelt. Ihre wichtigste Mission schien zu sein: nicht auffallen, mitschwimmen.

Wie Fiedler diese ganzen Normmenschen heimlich hasste. Er brauchte sie aber. Sie waren das Arbeitsvieh aller Kanzleien. Man lockte sie mit sechsstelligem Verdienst, ließ sie sechzehn Stunden am Tag an Projekten arbeiten, bei denen viele Arbeiten sinnfrei oder eine hirnlose Recherchierei waren. Man wedelte ihnen am langen Stock mit der Partnerschaft. Fiedler hatte zig Generationen nach sich erlebt, die auf diese Weise in den Beruf einrotiert wurden. Einige zerbrachen, viele funktionierten, nur wenige brachten es wirklich zu etwas. Die Partnerschaft erreichten vielleicht zwanzig Prozent derer, die als Junior Associates in den anwaltlichen Kärrnerdienst eingetreten waren.

Seine Augen, dachte Fiedler. Sie waren anders als die der meisten Absolventen. Er hatte das zweite Staatsexamen mit Prädikat geschafft, das erste nur mit gut. Das war in der Liga, in der *Flachs & Delk* spielte, eigentlich schon zu schlecht. Es gab sie: die Juristen, die qua Anwaltszulassung schon so schlecht waren, dass sie wie in schlechten amerikanischen Filmen in grausig sitzenden Anzügen windigen Mandanten noch windigere Beratung zukommen ließen. Seine Mutter war Hausfrau gewesen, sein Vater im einfachen Verwaltungsdienst. Das war es, was Fiedler hatte stutzen lassen. Die Absolventen, die aus solchen Verhältnissen bei *Flachs & Delk* anfingen und dann auch blieben, war nahe Null. Schon kurz nach der Einstellung von Reitmayr hatte er ihn sich gegriffen und war mit ihm Essen gegangen. Im *Fratellis*. Er wollte ihn voreinst nicht überfordern. Das hatte sich dann als richtige Entscheidung herausgestellt. Denn obgleich sich Reitmayr gut machte, sah Fiedler ihm seine Unsicherheit an. Er überspielte es gekonnt, indem er ihm die Führung überließ. So bestellte er den Veltliner und die Terrine. Gefolgt vom rosa gebratenen Rind. Reitmayr erschien ihm hungrig und zugleich gehemmt. Es war ihm alles fremd gewesen. Er hatte, wie sich im vorsichtigen Gespräch herausstellte, keinerlei kulturelle Erfahrungen, war nie um die Welt gekommen. Nur im Keller studiert, wie er mit einem gequälten Lächeln zum besten gab.

Den jungen Mann, dachte sich Fiedler damals, musste er fördern. Er hatte es mit Kräften getan und nach einiger Zeit hatte Reitmayr „gezündet". Er schien sich selbst gefunden zu haben und seine Fixierung in der Welt festigte sich zusehends. Als er dann zum Partner ernannt wurde, stimmte Fiedler nicht nur im Partnergremium ausdrücklich zu, nein, er freute sich bei dem Get-together auch wirklich für seinen Schützling. Reitmayr selbst war ihm still dankbar. Das Fiedler für Reitmayr eintrat, ihn an wichtigen Projekten beteiligte, dankte der ihm nicht mit Worten, vielmehr mit Taten. Und das war Fiedler viel wichtiger. Mit Worten waren in ihrem Berufsstand schon viele Dramen entstanden. Da war ihm diese wortlose Beziehung viel wichtiger.

Es war aber auch Fiedler nicht entgangen, dass Reitmayr in letzter Zeit immer unglücklicher wirkte. Auch nach seinem Umzug in ein Penthouse am Main, dem Porsche und allen Insignien, die auch Fiedler durch hatte, war ihm die Frau bisher nicht über den Weg gelaufen. Die jungen Leute haben auch zu viel Auswahl!, dachte sich Fiedler. Seine Frau und er waren sich noch in analoger Tradition über den Weg gelaufen. Mariannes blondes, schweres Haar. Es war das erste was er damals auf dem Symposium von ihr wahrnahm. Ihr Haar schlug natürliche, ja selbstgefällige Wellen. Es bedurfte keines Arrangements. So wie sie war, wirkte sie umwerfend. Ihr weiße Bluse, der dunkelblaue Rock. Er sah sie genau vor sich. Seine plötzliche Verzagtheit, als sie ihm vorgestellt wurde.

Er würde lügen, wenn er behauptete, nicht sofort verliebt gewesen zu sein. Aus diesem Verliebtsein wurde eine gefestigte Liebe, die Jahrzehnte hielt. Mit einigen Fehlern. Heute war er dankbar, sich nicht unter so vielen Nieten entscheiden zu müssen. Denn die jungen Leute, Fiedler war nun alt genug für diese Formulierung beschied er sich selbst, mussten sich erst durch den Dickicht der angeblichen Auswahl wühlen und auf dem langen Wege verschieden dann einige selbstemotional.

Am Schluss nahmen sie dann fast alles inkauf, nur um „anzukommen". Denn das Ankommen war wichtig in ihrem Beruf. Nicht umsonst verzeichneten alle Anwaltsbiographien den Familienstand, natürlich verheiratet und, natürlich, Kinder. Den Zusatz „glücklich" ersparte man sich, meinte ihn aber immer mitzulesen.

Eine seiner jüngeren Anwältinnen hatte er so an sich selbst zerbrechen sehen. Jana Riffler durchschnitt die juristischen Prüfungsanforderungen wie ein heißes Messer eine Torte. Sie sah dazu objektiv gut aus, hatte Stil und ein gutes Elternhaus.

Sie war keine gute Partie. Sie war die Beste.

Doch es muss eine Prägung gegeben haben, dass der Wunsch nach dem perfekten Leben sie aus der Bahn warf.

Riffler wurde immer verbissener ihrer privaten Lebensplanung gegenüber. Es war ein Teufelskreis: so mehr sie Mann und Kinder wollte, umso mehr rückte es in immer weitere Ferne. Mit Ende dreißig merkte sie, dass sie auch das optische Kapital weiter verließ. Fiedler wusste von einigen Affären, die sie in der Anfangsphase als „vielversprechend" bezeichnet haben musste. Alle einte, dass sie nach kurzer Zeit scheiterten.

Sie sei so einsam, sagte sie ihm einmal, als er in ihrer Bürotür stand. Sie war auf dem Wege zur Partnerschaft.

Als eine von wenigen Frauen. Vielen war dann doch die Familiengründung wichtiger. Das kegelte sie aus der Partnerschaftsscharade hinaus. Riffler hatte ernsthafte Chancen. Dennoch forderte er sie an dem Abend auf auch mal Feierabend zu machen.

„Wofür denn Professor Fiedler?", hatte sie respektvoll gesagt. „Auf mich wartet doch niemand."

Als er später gen Ausgang ging, hörte er aus ihrem Büro leise ein Lied, was er mit seiner Frau oft angehört hatte. Die Münchner Freiheit sang *So lang man Träume noch leben kann*.

Sein Kollege Delk hatte ihn wenig später auf dem Klo angesprochen, ob er die Veränderung „der Riffler" bemerke. Er negierte ehrlich. Man munkelte, sie trinke. Laufe ja bei ihr privat alles nicht so gut. Wisse man ja, und so weiter. Delk hatte unverfroren seinen Schwanz am Pissoir gewrungen. Als wenn er ein Frotteehandtuch auswringe. Und dann schüttelte er ihn noch. Fiedler hatte mit einem kurzen Nicken das Klo verlassen.

Er begann sich zu sorgen. Wenn selbst Delk, der Lebemann der beiden Gründungspartner, sich über eine Kollegin und ihren Alkoholgenuss Sorgen machte, war das bemerkenswert. War Delk doch selber oft genug betrunken bei der Arbeit.

Seine Gedanken dazu waren aber langsamer als der Fortgang der Dinge.

Die Kriminalpolizei rief ihn an. Man hatte ihre Visitenkarten gefunden, aber nicht ihre Papiere. Und auch nicht das Gesicht zum Portrait auf der Website von *Flachs*

& Delk. Es war auf der A8 passiert. Fahrtrichtung München. Regennasse Fahrbahn, böiger Wind. Ihr 911er hatte in einer Kurve auf einer Bodenwelle den Grip verloren.

Der 911er war von links nach rechts hin- und her geschlittert und schoss dann unter der Leitplanke durch. Der Kopf mit den ganzen dunklen Gedanken wurde ihr vom Körper gerissen. 0,5 Promille Blutalkoholwert hatte die Obduktion ergeben.

Reitmayr blickte aus dem Fenster. Sie hatten sich gestritten. Die Treffen, die man als „Aussprache" bezeichnete, verdienten ihren Namen meistens nie. Nach einem Dutzend Vorwürfen, die sie sich gegenseitig an die Köpfe geworfen hatten, holte er zum rhetorischen Schmetterball aus: Sie werde nie einen Mann finden, der es mit ihr aushalte.

Um auf der Autobahn ins Schleudern zu geraten, dazu brauchte es nicht nur Pech, dachte Reitmayr.

SAMSTAGS

Als Reuter an diesem Samstagnachmittag wach wurde, war sein Mund trocken wie Schmirgelpapier. Ihn hatte die unweigerliche Erkältung durchweht und seine Nase geschlossen. Nun wachte er auf, schaute aus seinem Bett direkt in den bedeckten, aber hellen Himmel und war so gar nicht wehmütig nach dem verblichenen Sommer.
Sechs Monate hatte er nichts mehr von ihr gehört. Sie weder gesehen noch gesprochen, noch ihre Worte per digitalem Wege erspäht. Nur dass sie online im Messenger war, schien ihm Beweis ihrer weiteren Existenz. Wie einem das Leben eines anderen, bis dahin und weiter wichtigem Menschen entschwinden konnte. Wie ein Mensch sich den äußeren, fremdgeleiteten Umständen einer zwischenmenschlichen Beziehung entziehen konnte, nur um im Alltag seiner bisherigen Lebenswelt nicht ausgestoßen zu werden. Wenn Reuter daran dachte, wurde er wieder müde, hatte er doch gerade schon den ganzen Tag verschlafen. Ein Sonnenblumenkorn zwischen seinen Eckzähnen erinnerte ihn an sein kurzes Frühstück eines Aufbackbrötchens. Schnell hatte er wieder Halt im Bett gesucht; und dort Wärme statt ihrer.

DIE WAHRHEIT ÜBER DAS EIGENTLICH FALSCHE

Die meisten Menschen führen ein beschissenes
Scheißleben.
Doch merken tun sie davon glücklicherweise
wenig.
Denn sie haben keine
Zeit zu schauen,
denn sie gucken nur.
Sie rennen,
wenn sie gehen müssten,
sie hetzen,
wenn sie halten müssten.
Sie tun alles,
um das zu erreichen,
von dem sie sich jede Sekunde weiter
entfernen.
Sie kennen ihre
Zinsen,
aber nicht ihre Gefühle.
Sie zahlen Steine ab,
statt sich eine Heimat in sich selbst zu schaffen.
Und wundern sich,
dass das Leben
nicht so gelebt
werden will,
wie sie es selbst
geschehen lassen.

DIE FERNE DER INNEREN NÄHE

Vielleicht wäre es an der Zeit,
statt die Ferne zu suchen,
die Weite
in dir selbst
zu entdecken.

MULTI-MONOGAM

„Wenn ich nicht vergeben wäre, wäre ich gern an dich vergeben", sagte er, sprach es aber nicht aus. Wer sagte sowas schon laut, dachte sich Reuter. In der heutigen Zeit des wieder Gestrigen. Wo Heirat mit Anfang zwanzig nicht mehr en vogue, sondern en force war. Eigenheim und Carport. Früh Kinder. Stabilität wider jede Selbstfindung. Monogam um der eigenen Vertrauenswürdigkeit wegen. Am wenigsten alles sich selbst wegen. Des Wir wegen. Nichts sonst. Verlassen in der Gemeinschaft.

Prost, dachte Reuter, dabei trank er gar nicht. Anders als die, die zu zweit weniger allein und schon gar nicht mehr einsam sein wollten. Denn zu zweit galt alles als doppelt so schön.
Gut, dachte Reuter, dass die zu zweit wenigstens auch doppelt irrten.

DIE STRANDAUTONOMIE

Die Frage ist nicht,
an welchen Strand
es geht.
Sondern ob es
der eigene ist.

Warum sollte eine Rezension immer eine schlichte Bewertung oder ein auffällig gestreutes Textterrain von Wissensbonmots sein? Ich schreibe gerne erzählende Rezensionen. Eine davon, können Sie hier lesen. Fiktion, Romanfiguren und das Werk des von mir geschätzten Martin Suters wird hier zu einer Helix verwebt.

Übrigens: Ich traf Martin Suter mal zufällig in der Bar eines Frankfurter Hotels. Er trank Champagner und war genauso wie er ist.

ALLMEN MEETS MANGOLD

REZENSION Martin Suter ist Ruhm und Ehre gewohnt. Jetzt setzt sein Nebenwerk Salzränder an

Was Sie zu diesem Text hören sollten: Pet Shop Boys *Rent* (1987)

Was Sie zu diesem Text trinken *könnten:* gut gekühlten Champagner (keinen Rosé!) oder einen leichten Weißen (*Grünen Veltliner* zum Beispiel; alternativ eine kühle, aber seichte Apfelsaftschorle (naturtrüb))

Ich habe einen guten Freund, der heißt eigentlich anders. Aber wir nennen ihn Mangold. Er hat alle Anlagen eines Egozentrikers. Goldener Siegelring und eine vergoldete Meinung von sich selbst. Wenn man ihn von hinten im Café erspäht, setzt die reichhaltig genutzte Pomade sein Haar in Form. Mangold ist da, man kann sagen: seine Präsenz definiert Aufmerksamkeit im Raum.

Er liebt es, Geld unter die Leute zu bringen; auch das, was er noch nicht verdient hat. Mangold ist sich allen Signets des ausgewachsenen Kapitalismus' versichert. Wenn man ihn auf das *Bedingungslose Grundeinkommen* anspricht, reagiert er wie ein Pawlowscher Hund: er wird unruhig, rutscht nach vorne auf die Stuhlkante und stößt mit Präzision den Zeigefinger in die Richtung des anderen.

Letztens sah ich ihn so auf einer Trauerfeier eines Freundes. Mangold kam richtig in Form. Ich blieb etwas in Abstand zu der Szene stehen (in Luhmannscher Beobachtungsposition), um dem ganzen Schauspiel eine Chance zu geben. Da gesellte sich ein Künstler neben mich, und fragte gedämpft: „Was ist das denn für'n Vogel?" Er meinte Mangold.

Der Künstler, den Mangold locker als „linksgrün versifft" aburteilen würde, saß kurz vorher auch mit am Tisch. Er entfloh Mangolds Zeigefingerguillotine und raunte weiter: „Woher kommt der denn?"

„Junge Liberale", hauchte ich. Der Künstler nickte, als wenn er das Welturteil spräche.

„Aber sonst ist er toll", schloss ich beschwichtigend an.

„Wäre mir bei denen neu", sagte er, und verabschiedete sich an den Sekttresen.

Wenn Martin Suter gefragt wird, wie er auf seine Figur des von Allmen (btw: von der Alm) kam, hat er eine einleuchtende Antwort: er suchte für seine Krimiserie eine Figur, mit der er es länger aushalten könne. Da blieb dann die Figur des Adrian Weynfeldt und transformierte sich in den ehemaligen Erben und nun dauerklammen Bonvivant Johann Friedrich von Allmen. Manchmal denkt man, dass es die positiv-aggressiv ausfigurierte Version von Martin Suter selbst ist. Ein Mensch, der den Luxus mag und immer dafür arbeiten muss, sich den auch immer wieder leisten zu können. Mit Wortwitz und Mut seiner selbst wegen.

Suter legt, auch wenn die Kritik ihm „Tutti-Frutti-Thriller" vorwarf, monumentale Romane über das Menschsein vor. Sein Hauptwerk strotzt vor kraftvollen Texten.

Sei es *Der letzte Weynfeldt; Die Zeit, die Zeit; Lila Lila* oder *Der Koch.* Oder eben sein Debüt *Small World,* in dem die Alzheimererkrankung die Basis bildet (an der sein Vater auch erkrankt war). Man merkt den Texten seine Recherche an, auch wenn es dann manchmal etwas in das pedantische Grenzgebiet des grad-noch-Möglichen kippt.

Suter hat klar umrissene Figurenensembles, die einen ohne Stammbaumübersicht auskommen lassen.

Dass man ihm Seichtigkeit unterstellt, ist eine zu schnelle Reaktion, die von der „echten" Literatur getriggert wird, die bleischwer daherkommt. Ohne Arme aufritzen oder eine Variante von *Die Glasglocke* (Sylvia Plath) mit dem Kopf schon halb im Ofen liegend, geht da ja oft nichts.

Suter blickt distanziert auf die Welt, immer mit einem Augenzwinkern. Suter muss sich beim Texten austoben, bald werden es an die tausend Business-Class-Kolumnen sein, die die Geschäftswelt verballhornen, aber auch eine Nähe immer zulassen. Und diese Nähe zu den Themen der Maßanzug-Champagner-Welt verhehlt Suter nie. In seinem kriminalistischen Nebenwerk lässt er dem ganzen freien Lauf. Es ist seine Spielwiese.

Nun sind die Kritiken von Lesenden bei seinem aktuellsten und sechsten *Allmen* eher dürftig. Es sei eine lahme Story, usw. Gemäß der Gaußschen Normalverteilung sollte man sich wenig auf die Ausreißer konzentrieren – aber diesmal sind diese Kritiken keine Ausreißer.

Was passiert in *Allmen und der Koi?* To keep it short and simple: diesmal ist ein Koi weg. In „Codersprache": {Allmen [subject] und der [connect] [lost object]}.

Suter knattert in einer *Dassault Falcon* (das ist ein Privatjet, alle *GAT*-Paxe wissen das) nach Ibiza (wo Suter jahrelang lebte) und sucht den Koi.

Ist das schlecht?

Nö.

Es fehlt bloß den meisten Lesenden sensorisches Gespür selbst zu wissen, was sie lesen wollen. Letztens stand ich in einer Buchhandlung und da kam eine Dame und wollte ein Buch.

„Das ist *Manhattan Beach*. Das ist mit einer Taucherin", sagte die Buchhändlerin.

„Ah", antwortete die Kundin.

„Das passt zu Ihnen. Mit einer Taucherin. In New York."

Kundin kaufte das Buch.

Abgang *Bühne ahnungslos*.

Eine Leserin schreibt, sie habe den *Koi* nur zu Ende gelesen, weil sie das mit jedem Buch halt tue.

Tja, da sehen Sie die lesende Hautevolee.

Wenn man einen *Allmen* liest, ist das wie die Gischt im ibizenkischen Beachclub. Leicht und seicht und doch von malerischer Qualität. Es ist ein Urlaub in luxuriöser Flughöhe mit einem warmen und skurrilen Ensemble, leichten Fällen und vielen atmosphärischen Nebeninformationen. Darum sollte man einen *Allmen* lesen. Aber das muss man halt erstmal wissen können wollen.

Mangold lässt sich derweil in der Cigar-Lounge in den Sessel fallen und spielt sich am Siegelring. Er winkt den Kellner ungeduldig herbei, bestellt einen *Brandy Alexander* (das Umfeld prustet bei dem Namen, Mangold reagiert verächtlich: „Das'n Klassiker unter den Cocktails!") und schneidet seine Zigarre an. Er schnippt den Abschnitt in den Aschenbecher und befeuchtet die Zigarre mit den Lippen.

„Das ist was für Conaisseurs. Also nichts für euch!", rümpft er die Nase. Er zündet die Zigarre mit seinem Feuerzeug in kreisenden Bewegungen an und schüttelt den Kopf über die Ahnungslosigkeit seiner Begleitungen.

„Warst du im *Chalet Sophie*?", fragt Mangold mit einem nun wieder versöhnlichen Augenzwinkern.

Nein, sein Sitznachbar war nicht im erotischen Massagestudio im Industriegebiet. Zumindest nicht ganz. Mangold hatte es ihm das letzte Mal wärmstens empfohlen, und dabei fast erotisch geblickt.

„Nö, die Nachbarn waren zu interessiert, wer da ein- und ausging."

„Stört mich ja nicht."

„Weiß ich."

Mangold tut fast alles für einen guten Preis. Und wenn er sich für etwas entschieden hat, zieht er es auch durch. So fährt er, wenn, sehr rasant Auto. Manchmal meint man, er bohre sich in die Wand vor dem Parkplatz, damit er wirklich ankommt.

Pause, das sei wie verlieren, sagte er vor kurzem im Auto. Mangold könnte Sinnsprüche für Manager kurz vor dem Zusammenbruch erfinden.

„Und bei dem Preis, kannste nix sagen." Das ist Mangolds liebster Satz, der bei aller Generosität, auch final geizig ist. „Und vor allem: massieren lassen muss man sich eh, warum dann nicht bis zum besten Ende?"

Suters Werk sollte man sich über seine großen Romane erschließen, und dann sich als „Süterli" den *Allmen* als Praline gönnen.

Und wenn Sie mal ganz viel Glück haben, sehen Sie mich in Frankfurt in einer Bar mit Mangold sitzen, der vielleicht wahrste *Allmen* der realen Welt.

Er wird *Brandy Alexander* bestellen.

Und dennoch mein Freund sein.

originäres Veröffentlichungsdatum: 13.02.2020

EXISTENZFUNKTION

Der liebe Gott hat mir die Chance gegeben,
in dieser Welt nicht nur zu funktionieren,
sondern auch zu existieren.

DIE NORMATIVITÄT DES SEINS

Reuter hatte das Gefühl, dass er gegen so viel Normalität nie ankäme.

ZEITGEISTBESTE

ESSAY Wenn Eltern und Kinder sich erst Jahrzehnte nach der Geburt kennenlernen, birgt das mehr als ein Kennenlernen

Giovanni di Lorenzo schützt sein Privatleben. Als ausgerechnet der von ihm geachtete SPIEGEL seine Trennung durch eine Bildunterschrift offenbarte, war der Chefredakteur der ZEIT empört. Über andere Teile seines Privatlebens war der Sohn eines Italieners und einer Deutschen durchaus aussagewilliger. Nicht unter Folter wäre ihm über die Lippen gekommen, seinen Eltern seine Liebe zu verbalisieren. Fand nicht statt. Die Eltern trennten sich in seiner Jugend, mit wahrscheinlich weichenstellenden Folgen: Er kam mit der Mutter nach Hannover, zu Verwandten. Meine Heimatstadt, heute durch EXPO 2000 nachhaltig aufgehübscht und semi-exprovinzialisiert, so war sie doch in den 70ern an vakuumierendem Inselgefühl nicht zu überbieten. Seine Eltern zu lieben, gar zu verehren in liebevoller, nicht patriarchialer Weise, ist heute oft selbstverständlich, ein Gegenteil lässt Gesichter entgleisen. Doch ist Zuneigung und Umgang zeitgeistbedingt? - Ja.

Wir sind alle die Folge unserer Kindheit. Wohl dem der heute Kind sein darf, außer denen, die den Antinatalen in den Weg kommen. Ich wage zu vermuten, di Lorenzos heutige Leistung als Chefredakteur (er hob das Wochenblatt aus der Bleisenke), ist auch ein weiterhin beständiges Streben nach Heimat (die er nach eigener

Aussage nur in der Sprache fand), nach Anerkennung. Macht das die angebliche Generation [Variable] so entspannt, so zukunftsoffen?

Ich saß kürzlich in einer Berliner S-Bahn einem Vater mit seinem fünfjährigen Sohn gegenüber. Wie selbstverständlich zugewandt, wie ebenbürtig und doch liebevoll führend erklärte der Vater geduldig die Himmelsrichtungen. Mit welch' Verve und Selbstverständnis doch diese Beziehung daherkommt. Als sei sie so. Aber sie war nicht immer so. Und das ist gar nicht lange her.

Im *Reinhards* am Kudamm, kitschige West-Berliner Touristenkulisse mit zufälligem Heißgetränkeausschank, ist die große Bühne, ohne das jemand Notiz nimmt, dass an diesem Abend zwei Männer ein Blinddate haben. Sie sollten sich lieben, der eine sollte dem anderen erklärt haben, wo es langgeht, eben die Himmelsrichtungen des Lebens. Sie haben sich in geographischer Mitte getroffen, die sie emotional nicht haben, nicht hatten, nie entwickelt haben konnten.

Ich habe ihn ausgegraben, besser gesagt seine Anschrift. Obwohl ,graben' auch ein passendes Verb sein kann. Wenn es zu spät ist, oder nie früh genug hätte gewesen sein können. Gerhard Schröder musste jahrzehntelange Ahnungslosigkeit ertragen, bis er zumindest ein Bild seines im Krieg gefallenen Vaters zur Hand bekam. Folgt ein kompensatorischer Drang dem imaginierten Vater in welcher Sphäre auch immer zu gefallen? Kein Richtmaß durch ihn habend für die Grenzen der eigenen Vehältnismäßigkeit? Ja, er fehlt als Regulativ, sage ich. In plüschiger

Atmosphäre des Reinhards betasten sich die Zwei wie Außerirdische. Kann man Zeit nachholen? Zuneigung retrospektiv ausfüllen, wie einen Kaffeefilter falten, einlegen und füllen? Dieser Fremde hat eine Lebensgefährtin, halb so alt wie er, fast so jung wie ich. Das konserviert und beflügelt. Es offenbart Chancen des Streckemachens beim Kennenlernen.

Roger Willemsen sagte, man könne das Leben nicht verlängern, nur verdichten. Er tat es und tat gut daran. Doch gilt das auch für Beziehungen deren Wachsen die Kindheit einen definierten Rahmen hätte geben sollen? Die Jahre sind ambivalent vergangen, der stete Vorwurf ist ein gedeckelter Imperativ. Wo warst du? Warum hast du nicht? Fragen die es nicht zu beantworten gilt, weil jede Antwort eine Zeitpunktfrage war. Wurde denn 1985 anders geliebt, anders gesorgt? Ja, so seine Meinung, ja wohl meine auch. Aus Not. Was soll man sagen, ohne in gefällige Dauerwehklage zu verfallen. Besser ohne als mit doof, ist dabei nicht nur orthographisch die falsche Formulierung. Die Rettung auf die Katastrophenszenarioinsel.

Doch wenn damals alles so ganz schlecht war, was ist heute schlecht und wird von der nächsten Generation belächelt? Sind wir in einer Gegenpendelbewegung, der bequemmachenden Vollumsorgung? Wozu anstrengen, Liebe und Geborgenheit gibt es zum Nulltarif? Ein Technikhersteller sendete letztens im Kino effektheischende Werbung, mit einer VR-Brille einen Demenzkranken durch das digitale Betreten seines alten Lebens wieder kurzzeitig auf Spur zu bringen.

Es wird die einzige Methode bleiben in eine gemeinsame, retrospektive dabei vordergründig konvergente Erlebniswelt eintauchen zu können. Diese Art von gemeinsamem Erleben könnte die beiden im *Reinhards* vielleicht wirklich nochmal das gemeinsam erleben lassen, was sie unwiederbringlich verpassten.

Dennoch. Gemeinsame Zeit lässt sich vielleicht verdichten, aber nicht nachholen,
sage ich ihm, meinem Vater.

Hinweis Dieser Artikel hatte bisher mehr als 6000 Views.
originäres Veröffentlichungsdatum: 21.01.2018

UND WAS BIN ICH?

Reuter und Alba saßen im gediegenen *Café Meyerhoff*.
„Ist ja schön hier", meinte Reuter, während er seine Torte löffelte, „aber warst du schon mal bei Bella zum Kaffee eingeladen?"
Alba grimmte. Bella hatte sie noch nie eingeladen.

Reuter guckte sie entnervt an: „Ja, entschuldige bitte, wie denn auch?"
„Hm?", entgegnete Alba.
„Du bist eine Romanfigur!"
Alba schaute entgeistert: „Und was bist du?"

Regen schlug gegen die Fenster des Palmengartens.
Reuter zögerte.
„Gute Frage", sagte er schließlich, „ich bin mir nicht sicher."

DIE STÄRKE

„Manchmal", entfuhr es Reuter, „müsste man so stark sein wie ein Superheld*."

Er saß auf den verwitterten Stufen des Independent Club in dem alten Industriegebiet. Von innen wummerte der Beat gegen das alte Gemäuer und ließ die wenigen intakten Fensterscheiben rhythmisch surren.
Alba saß neben ihm. Den Rock schon leicht mit Bier derangiert, hockte sie auf den kalten Stufen, den Blick Richtung Parkplatz.

Reuter ließ das Bierglas in seiner Hand kreisen, sodass das Glas kriezte.
Sie fasste ihn an die Schulter.
„Ist man aber leider nicht", sagte Alba mehr in die bewölkte Nacht, mehr zu und über sich - und eben doch auch zu Reuter, der immer mehr sich auf den Stufen zusammenkauerte.

„Ist man aber leider nicht", echote Reuter.
Für mehr Erkenntnis, war einfach keine Kraft mehr da.

hier gemeint: der Mann mit dem Cape und dem gelb-schwarzen Logo.

EGALITÄR

Mir ist alles egal und dann auch nicht.
Denn der Mensch ist nicht nur hier, sondern immer auch da.
Es gibt keine eindimensionale Existenz.
Und auch wenn man sich verweigert,
sollte man sich dem Möglichen nicht in Gänze abwenden.
Denn es hilft, in beiden Welten zu leben.

Der Unvermeidbaren und der Vermeidenden.

Auch wenn man fatalistisch sieht, so gibt es den Alltag, dem sich keiner final entzieht.
Der Alltag, bei aller Schande seines Seins, ist für jeden Pflicht, sollte aber Kür.
Deshalb Kür, weil man ihn dazu degradieren kann.
Entfliehen kann, ohne zu entsagen.
Denn das Vermeidende kann den Freiraum schaffen, dem Alltag nur einen kleinen Raum zu geben.

Im Vermeiden kann viel Freiheit liegen. Es ist die chiffrierte Form des Widerstands.

Warum hetzen, wenn man auch ruhen kann.
Warum leiden, wenn man auch anders kann.
Anders und ruhen, das will aber kaum einer.

Sie alle fürchten die Schmach des vermeintlichen
Ertapptwerdens in der Normabweichung.

Doch in aller Abweichung liegt eine Stärke.
Die gilt es zu finden, zu bewahren.
Doch dazu muss man suchen, abweichen.

Das tut man nicht in Gruppen.
Das tut man nur mit sich.

NACHTS IM CAFÉ

Der Besen des Kellners rauscht über das Parkett.
Sie sitzen da als letzter Gast. Sie wollten bleiben bis zum Schluss. Es ist Ihnen gelungen.

Niemand mehr da, denken Sie sich.
Doch etwas lässt Sie stutzen, als Sie diesen Gedanken denken.
Was hat sich geändert, als die Menschen noch lärmend um sie herumstanden und Gemeinschaft die Fensterscheiben anlaufen ließ?

Sie schauen aus den Fenstern, die nun wieder klar sind, aber außen rinnen die Regentropfen herunter.

Sie denken, nicht zu kurz.
Und Sie denken nur ein Wort.
Nichts.

Denn das hat sich geändert.
Nichts.
Ob mit oder ohne Menschen.
Es ist niemand da, denn es war niemand da.
Nur Sie mit sich.
Ganz Sie.
Mehr geht nicht.
Und damit waren Sie einer mehr als
die meisten anderen mit sich.

AUFGABE DES SEINS

Man braucht keine Kinder zu bekommen,
um ein guter Vater zu sein.

DER MOMENT ALS DAS
WAR BEGANN

Der beste Freund war tot, doch keiner wusste es.
Der Anruf war es, der es klärte.
Doch es war kein Satz, der es erklärte.
Es war das Tempus, das alles veränderte.
Aus einem Erstsatz, einen Letztsatz machte.
War er bei Ihnen angestellt?
Nein, er ist, wollte ich sagen und bewegte die Lippen.
Sagte aber nichts.
Aber was soll man dazu auch sagen?
Das War war das Siegel, das die Vergangenheit verschloss.
Ein Bild sagt mehr als tausend Worte, ja.
Doch dieses eine Wort,
es beendete ein ganzes Leben.

DAS WOHIN DES EWIGEN

Wohin sind
sie hin,
die Menschen,
die alle waren,
nun lange nicht mehr sind.
Sie waren die einen,
als nur sie sie waren.
Doch dann lief ihre Zeit
ab, dahin, hinfort.
Das unaufhaltsame Fließen
der Dinge, das alles
riss sie mit in einen Zustand,
der wohl wahrer ist
als das Leben sein kann.
Denn das Leben ist
ein reiner Zufall,
gar eine Laune, also nichts.
Das Nichtssein hingegen,
ist alles,
denn es geschieht,
wenn alles andere
nicht mehr
ist.

Hinweis Machen Sie sich jetzt um den Autor keine Sorgen, sondern um Ihre Gedanken, die Sie grad hegten.

DIE INVERSION DER
WAHREN TRAUER

Die Trauer,
sie kommt dann
wenn sie ist,
nicht wenn sie soll.
Sie ist ein dunkler
Pelz des Innen.
Außen trübt sie das
Antlitz kaum,
täuscht sie daher die anderen,
die gar nicht wissen,
wie dunkel es dem einen ist.
So passiert es,
dass der wohl springt,
dem man es gar nicht attestiert.
Drum prüfe nicht wer lächelt,
sondern warum er dieses tut.
Ob Abschied oder Freude,
Leid oder Limerenz,
das Welche oder das Andere.
Das eine kann das Ende sein,
das andere das Glück.

TRAUERANSICHT

Ich sehe dir die
Trauer an,
die dein Leben dir
obliegt.
Doch sie wird
nicht weniger,
indem du sie besiegst.
Denn Trauer ist ganz
sicher eines:
unbesiegbar, ewig dein.
Doch wenn du sie nicht
beschwingt belebst,
bleibt die Trauer das,
wie sie eh und je war.
Eine Hülle,
die zu leeren, die
Lebensaufgabe ist
und bleibt.

ALS HERR ANGERMANN
HELFEN WOLLTE

Reuter saß Angermann gegenüber. Es war still. Die Vögel schienen eine Pause eingelegt zu haben.

„Wenn man Liebe messen könnte", hob Angermann an.
Es entstand eine Pause. Eine scheinbar lange Pause.
Reuter hob den Kopf und blickte sein Gegenüber an.
„Dann wäre vieles einfacher."

Reuter überlegte, seine Gedanken fühlten sich an wie eine träge Teermasse.
„Was wäre denn dann?"
„Dann", stoppte er kurz, „könnte man sie bekämpfen."
„Und warum bleibt sie dann bei *dem* Typen?"

Angermann schaute ihn an und legte den Kopf schief.
Reuter tat es ihm reflexhaft gleich.
„Weil die beiden sich nicht lieben. Liebe ist ein enormes Gefühl von kurzer Dauer. Es kann Berge versetzen, aber es zerrinnt wie Sand. Was bleibt, ist das, was Sie jetzt fühlen."
„A-h-a", sagte Reuter jeden Buchstaben scheinbar einzeln aussprechend.
„Mit ihm verbindet sie die Gewissheit der Beständigkeit. Denn das brauchen Menschen. Beständigkeit", wiederholte Angermann.
„Keine Liebe."

UMBRUCHVERWECHSLUNG

Wer bin ich nur
dass ich dachte,
die Liebe kann
überwinden,
was der Mensch
nicht sehen kann.
Doch töricht war ich
zu glauben,
dass Menschen
den Umbruch wollen.
Sie wollen Gleichklang
allerorten.
Nichts mehr nicht
als den neuen Weg,
den sie gehen müssten,
um zu werden,
was sie würden,
wenn sie ihn gingen.
Doch sie bleiben sitzen
still und gleich.
Das ist nur ihr Schicksal,
und den Göttern gleich.

DAS VORHER IM NACHHER

Als du kamst,
hatte ich dich vermisst,
ohne dich gekannt zu haben.
Als du gingst,
vermisste ich dich schon,
als du noch gar nicht
gegangen warst.

REUTER WACHT AUF

Draußen klirrte der Regen in kleinen Nadelstreifen gegen die große Scheibe des Cafés. Alba hatte eine neue Stoffhändlerin am sprichwörtlichen Wickel und sah aus wie ein explodiertes Paisleymuster.

„Wie findest du den neuen Stoff?", fragte sie, wusste aber, dass aus Reuter heute wenig herauszuholen war. „Er ist auffällig", konnte er sich abringen.

„Na, danke!", antwortete Alba. „Cortado für dich wie immer?", schloss sie an.

„Hm."

„War das ein Ja-Hm oder ein Weiß-nicht-Hm?"

„Ersteres."

„Na. Wie geht es euch?" Ahmet kam galant um die Ecke mit zwei leeren Kaffeetassen an der einen Hand, in der anderen hielt er seinen Block, den er nie brauchte. Hinter seinem rechten Ohr klemmte sein Bleistift. Ahmet hatte einen Kopf für eine perfekte Glatze. Rund und spiegelnd. Reuter konnte ihn sich nicht mit Deckhaar vorstellen.

Für Ahmet waren viele Dinge einfach so wie sie waren. Er hielt sich nicht mit ihnen länger auf. Er schien eine tiefe Zufriedenheit zu haben. Nicht die die Menschen bei Instagram darstellten. Das war nur Show. Insgeheim kauten die ihre Nägel im dunklen Zimmer und träumten von Sahnetorten. Oder kotzten sie sogar aus.

Ahmet aber war wie er war, mit allen seinen Fehlern. Oder man nannte es Unzulänglichkeiten. Reuter mochte Ahmet wirklich.

„Cortado für dich, Reuter?"

„Ja und ich nehme einen Kaffee schwarz, bitte", antwortete Alba für beide.

„Denk dran, Reuter", sagte Ahmet.

„Hm?"

„Scheiß drauf."

„Worauf?"

Ahmet lächelte dieses Zufriedenheitslächeln. Bei anderen brachte Reuter das innerlich in Rage. Bei Ahmet nicht. Das wunderte ihn.

„Das weißt du am besten selbst. Cortado, Kaffee schwarz. Noch Kuchen?"

Ahmets türkische Sprachwurzeln kamen immer wieder durch und er verschliff gerne die Satzenden in diesem cremigen Sprech, was Reuter immer an Fernweh erinnerte.

Ohne eine Antwort abzuwarten, drehte sich Ahmet weg.

„Reuter, wach auf."

„Bin ich sowieso schon zu sehr."

„Was?"

„Wach."

Sie rüttelte seinen Arm.

„Alles klar?"

„Ich bin immer viel zu wach. Zu sehr dabei. Erlebe viel zu viel. Die Menschen verdrängen so viel und bekommen so wenig mit, was wirklich ist. Aber das macht ihr Leben viel lebbarer."

Alba blickte.

„Du solltest es einfach mal akzeptieren."

„Was?"
„Dein Leben. Wie es ist."
„Ja, das anziehende."
„Kommt drauf an für wen."
„Nicht für sie."
„Egal."
„Nicht."
„Doch."

Ahmet durchschnitt den inhaltlichen Leerlauf, indem er den Kaffee und zwei Stück Kuchen brachte.

„Hier, euer Kaffee. Die zwei Kuchen gehen aufs Haus. Neue Rezeptur. Mit Puderzucker und Hafermilch. Lasst es euch schmecken."

Beide nickten dankend. Ahmet zwinkerte im Weggehen. Vegan war sein neues Steckenpferd. Reuter fand das interessant, wenn die Hafermilch sich nicht so schlecht im Kaffee lösen würde. Wie seine Probleme mit Tabea, dachte er plötzlich und stach die Gabel mit Kraft in den weichen Kuchen; die Gabel kratzte am Boden, es schüttelte ihn.

Alba lief neben ihm, den Rucksack fest umschlungen. Großstadtchoreo nach null Uhr. Der Wind fegte das Laub durch die Station, in der Ferne ratterten U-Bahnen über die Weichen.

„Na, eben das was war. Kaputt, zerrissen."
„Erfreu dich lieber an meinem Geschenk."
„An einem Plüsch-Pony?"
„Ja."
„Pfff!"

„Besser das Pony, als der Pony, damit du den Pony überwindest."

„Ich finde alle drei als eine Zumutung."

„Ah, untersteh dich! Das war ein Geschenk."

„Er?"

„Nein, es."

„Achso."

„Er vielleicht auch."

„Alba!"

„Was denn? Ich sage ja nicht, für wen."

„Auf welcher Seite stehst du eigentlich?"

„Auf meiner."

„Auch mal eine Antwort, nicht aus der rhetorischen Trickkiste?"

„Nö."

„Wahre Freundin."

„Du solltest mal wieder zum Friseur."

„Hm?"

„Sage ich dir als eine gute Freundin."

„Und dann?"

„Dann lässt du dir einen Pony stehen. Scheint ja zu funktionieren."

Die S-Bahn kam und beide stiegen ein.

Die Türen schlossen sich mit einem hochfrequenten piep-piep-piep und der Elektromotor des Zugs zog auf der Tonleiter alle Register nach oben. Sie rauschten durch den Tunnel. Es pfiff, sauste und ruckelte. Nicht anders in Reuters Kopf. Wut stieg in ihm auf. Eine zwischenmenschliche Beziehung zu verlieren, war für die Menschen, insbesondere zur Wahrung ihrer oft eindimensionalen Konstante, nicht so schlimm, wie er es immer erhoffte. Wo waren die Menschen, die für das, was man nicht sah, nur fühlen konnte, in die Bresche sprangen und sich wider aller Vorwürfe der Sache hingaben? Mit Verve und Verlangen sich dem Alltag und der Angepasstheit entgegenzustemmen. Widerspruch als Selbsterhalt der ständig strenger normativierenden Welt gegenüber.

War das glatte Leben nicht der eigentliche Tod? Denn den wahren Tod, da war Reuter sich mit Epikur sicher, den gab es ja gar nicht für das gestorbene Subjekt.

So sah er viele Menschen in der Bahn, die es richtig machen wollten und auch taten. Aber musste Richtigkeit sich nicht durch ein Segensgefühl im Körper manifestieren? Sollte alle Sorgsamkeit und Besorgtheit doch nur in einen Zustand des Vermeintlichen driften?

„Reuter?", sagte Alba, jetzt ganz sanft. „Erde an Reuter. Komm zurück, wir sind hier."

Sie sagte es nicht spöttisch, sie wusste nur, wo er grad war. In seinem ganz persönlichen Turm der babylonischen Gedankenkaskaden in dem es gleichzeitig bequem und quälend war.

„Was sollen meine Eltern nur denken, wenn sie wüssten, wer ich wirklich bin", entglitt es ihm durch die Lippen.

„Reuter? Alles ok? Deine Eltern sind tot."

Er zischte ungnädig mit der Zunge und blickte weiter durch das Fenster des Zugs gegen die schwarze Tunnelwand.

„Doch nicht *meine* Eltern", sagt er leise, voller Ungeduld und schüttelt ganz wenig den Kopf.

„Was die Menschen dem vermeintlichen Willen der anderen zu opfern bereit sind. Ist das nicht Selbstverleugnung?"

„Es ist das Leben, Reuter", entgegnete Alba nun doch ganz leicht genervt. „Und du warst doch auch wahrlich nicht bereit alles zu geben."

„Das stimmt. Und stimmt auch nicht. Mir fehlte die Zeit. Es war wieder die Zeit. Ich bin zu langsam für die Menschen. Wenn ich bereit bin, sind die anderen schon weiter. Wie sie immer im Weiter sind und dann passé. Sie warten nicht, weil sie es nicht können, nicht wissen, wofür. Es ist ein stiller Affront für sie, wenn sie das Gefühl haben, nicht durch ihre Anwesenheit das Ganze in die richtigen Bahnen lenken zu können. Wenn es ein Missgefühl gibt, ein Zerrbild dessen, was sie sich zu fühlen auferlegt haben. Und wenn ich dann bereit bin, dann sind sie längst fort, haben sich losgerissen und in Verbindlichkeiten der Halbgarheit begeben, nur um der etwaigen Abweisung und damit Kränkung zu entgehen. Sie wollen entkommen ins Paradies und erwachen in einem Konstrukt. Aber dann fehlt ihnen der Mut, es wäre das Trapez des Lebens zu betreten, aber sie scheuen zurück wie Pferde vorm Sprung. Sie verbleiben im Konstrukt und werden Baumeister ihrer Schmerzen."

„Nächste Station: *Hauptwache*!", schallte es aus den Lautsprechern. „Ach, Reuter, das mit euch war doch nix."

Reuter schossen augenblicklich die Tränen aus den Augen. Kurz war er selber erschrocken, bis ihn die Gefühle wieder übermannten.

Er riss den Zeigefinger hoch Richtung Albas Gesicht.

„Lass das!", keifte er. „Sag das nicht! Kein Mensch kann beurteilen was etwas für jemanden anderen gewesen ist. Niemals!"

„Aber Reuter!"

„Nichts aber aber!"

Alba schwieg.

Reuter versuchte sich zu beruhigen, irgendwie. Er klopfte auf den Fensterrahmen der S-Bahn.

„Du liebst doch dieses eine Parfum so sehr?", hob er kurze Zeit später an.

„Ja, was hat das damit zu tun?"

„Jede Beziehung ist wie ein ganz eigener Duft, ein ganz individuelles Parfum."

„Und wenn schon?"

„Es ist weg. Der Duft, den ich so liebte, er ist unwiederbringlich weg. Ich vermisse ihn so sehr."

„Aber es gibt auch andere gute Düfte?"

„Dann schmeiß deinen Duft doch weg."

Alba verzog den Mund.

„Du hast recht."

Die Station *Hauptwache* kam, die Türen gingen auf, alle strebten, nein sie hasteten, wobei sich das Wort fast wie ‚hassten' anhörte.

Reuter sah einen Mann in seinen Dreißigern mit Overear-Kopfhörern, der sich trotz seiner friedvollen Jutetasche an einer sich erschreckenden Oma vorbeidrängelte. Ankommen wollten sie, um jeden Preis. So sein, wie sie sich vorstellten, wie die anderen sie sehen wollen würden, um mit ihnen homogen zu sein. Um jeden Preis. Um den Preis ihrer Integrität sich selbst gegenüber. Er fasste reflexhaft an den vollgekritzelten Erich-Fromm-Band in seiner Tasche. Tote konnten Halt geben, wenn sie Denker gewesen waren. Aber wohl vor allem, weil sie Menschen gewesen waren. Und Menschen, sah Reuter grad wenige in der S-Bahn-Station.

REUTER UND MISS ADKINS

Alba ließ sich auf den Sessel im engen Wohnzimmer des Gemeindebaus fallen. Es regnete unablässig Bindfäden. Draußen rauschten die Wagen durch die vollen Spurrinnen der maroden Straße.
Sie blätterte durch die Zettel, die auf Reuters Wohnzimmertisch lagen.
„Was schreibst du da auf?"
„Die Dinge, die mich bewegen."
„Alle Dinge?"
Reuter zögerte.
„Nein, aber die, die man wenig rationalisieren kann."
„Der feine Herr Philosoph."
Reuter lachte kurz auf.
„Und wer will das alles lesen?"
„Alba, das ist die falsche Frage. Das ist sogar immanent falsch. Wer was will, ist egal. Wie bei der Berufswahl."
„Sagt der Arbeitslose."
„Auch zuweilen harte Arbeit, Alba."
Sie blickte auf ihre Sneaker und knitterte verhuscht an ihrem Rocksaum.
„Kennst du eine Miss Adkins?"
„Ist das deine neue Nachbarin?"
„Ne, die ist im Urlaub. Miss Adkins meinte einmal, für Sie sei alles nur entstehbar gewesen, weil sie soviel schlimmen Schiffbruch mit Männern in Liebesdingen erlebt habe. Die Zurückweisung und daran zu leiden, wären - natürlich erst rückblickend - der Schlüssel gewesen."

„Aha, und weiter?"
„Naja, ich meine", Reuter blickte durch das Fenster in die Nacht, „was wäre wenn die Niederlagen uns das Können erst furios ermöglichen? Wenn das nicht-mehr das endlich-doch begründete. Wie Berge es nur mit Tälern gibt."
„Ah, also doch Philosoph." Alba steckte sich eine *NIL* an und bliß den Rauch aus.
„Vielleicht", sinnierte er weiter, „ist die Abweisung in dem einen Bereich die notwendige Grundlage, um in dem anderen Bereich das zu schaffen, was nur durch Reibung am eigenen Schicksal möglich ist. Aus den Tiefen erwächst Kunst, die nur aus eben jenem Scheitern hat entstehen können."

„Und was soll bei dieser Miss Adkins aus verlorener Liebe entstanden sein?"
„Das", sagte Reuter und stand auf, „zeige ich dir."
Er ging zu seinem Plattenregal und zog zielsicher eine Scheibe hervor. Der Arm sank auf das Vinyl und das Knistern begann.

„Ja", Reuter, „was soll mir die Musik nun sagen?"
„Das Alba, ist das was aus scheinbarem Totalverlust entstand."
„Denn die tieftraurige, übergewichtige Miss Adkins aus England, ist niemand anderes als die Person, die du als Adele kennst."
Alba zog die Augenbrauen hoch.
„Und nun kennst du die wahre Geschichte, Alba."

*In Erinnerung an den viel zu früh verstorbenen
Achim Höppner (1946-2006), der mein frühes
Radio-Erleben mit der Serie* Und nun kennen
Sie die wahre Geschichte, ... *prägte.*

Präambel Nichts ist wahrer als eine Geschichte

DIE ANTWORT AUF NICHTS WENIGER ALS ALLES

Musikhinweis Mairi Campbell: *Auld Lang Syne*

Alba schüttelte ihren Schirm ostentativ vor Reuters Wohnungstür.

„Regnets?"
„Leichter Niesel. Danke der Nachfrage."
„Kaffee?"
„Lieber einen Americano."
„Sieht schlecht aus, Monatsende. Spirituosenknappheit."
„Kennt man als freischaffende Künstlerin."
„Und nun?"
„Dann doch Kaffee."

Reuter ließ die Kaffeedose aufschnappen, und häufte den Kaffee in den Filter.

Als das Wasser im Kocher zu brodeln begann, lehnte sich Alba in den Türrahmen der Küche.

„Und du hast ihr etwas geschrieben?"
„Ja."
„Ob das die gute Idee war?"
„Sollte man besser an den Momenten vorbeileben?"
„Kommt auf den geschriebenen Fauxpas an."
„Lies selbst."

Alba faltete das Briefpapier auf. Der Regen rann am Fenster entlang, vom Balkongeländer tropfte es derweil unablässig. Die Heizung klackerte, während es draußen dunkel wurde.

> *"Liebe T.:*
>
> *Du machst das super.*
> *Weiter so!*
>
> *Die Frage ist dabei nicht,*
> *warum man das betonen muss,*
> *sondern wieso man das vergessen könnte,*
> *laut zu sagen.*
>
> *Du Gelungene.*
>
> *Hab' einen Tag, der dich verdient:*
>
> *R."*

„Das hast du ihr geschrieben?"
„Gesungen habe ich es ihr nicht."
„Reuter, wie lange kennt ihr euch? Fünf Tage?"
„Was bedeuten schon Tage?"
„Worum geht es?"
„Es geht ums Mögen-Können, nicht um Erreichungskategorien. Allein um den Moment, wenn zwei Menschen merken: Hej, der jeweils andere ist klasse."
„Reuter, das könnte mit dem Bisherigen zu Verwerfungen führen."

„Ich weiß, Alba, ich weiß."

Er blickte gegen das Fenster.

„Aber ist es das wert?"

„Es geht um keine `Werte´. Es ist die Unabdingbarkeit des Fortschritts der Dinge."

„Und das Skript?"

„Das ist erstmal egal, wenn das Leben gelebt werden will."

„Und woran merkt man das nach fünf Tagen?"

„Es ist das Unbewusste, es gibt keine Worte dafür. Wer Worte finden muss, wem sie nicht a priori zufliegen, der konstruiert. Wer empfindet, der hat alles erreicht."

„Ja, und dann?"

„Es gibt kein ´Dann´, es gibt nur diesen Moment. Und der Moment ist alles, denn es gibt kein wahres Gestern mehr und noch weniger ein probates Morgen. Alles ist jetzt. Nur dafür leben wir."

Musikhinweis Café del Mar: *Volume 5* (1998)

Sie traten auf den Balkon. Der Regen hatte sich verzogen. Sterne leuchteten am Himmel.

„Reuter?"

„Ja?"

„Was bedeutet das alles?"

„Was?"

„Das Ganze hier, was wir ‚Leben' nennen?"

Im Hintergrund lief eine 09/11-Erinnerungssendung im Fernseher.

Beide schauten in den Himmel und gaben sich die Hände, denn der Halt im eigenen Sein schien plötzlich fraglich.

„Die Sterne", erhob Alba die Stimme, „sie werden uns und unser gesamtes Schicksal überdauern."

„Ja. Völlig ungerührt."

Sie schwiegen.

„Alba?"

„Ja?"

„Ich weiß die Antwort."

„Auf was?"

„Auf das Leben."

„Auf dein Leben?"

„Auf unser aller."

„Verrätst du sie mir?"

Reuter schaute sie an: „Ja."

Alba beugte sich vor. Reuter flüsterte ihr ins Ohr.

Alba begann zu lächeln, und die Sterne schienen zu funkeln.

Diese Antwort hatte sie nicht erwartet.

to whoM it may concern

Hinweis Dieser Text ist auch als Postkarte verfügbar und Sie können die Postkartentexte auch bei *Youtube* hören. Gelesen vom Autor. Das Postkartenset ist unter *behmann.de/edition* weiterhin bestellbar.

DIE LIEBE DES
VERGANGENEN WOLLENS

Ich hätte dir gern mehr Liebe gegeben,
wenn ich gewusst hätte, wie.
Ich hätte dir gern mehr Antworten gegeben,
wenn ich gewusst hätte, welche.
Ich hätte dich gerne länger im Arm gehalten,
wenn ich gewusst hätte, wann.
Ich hätte Fehler vermieden,
wenn ich gewusst hätte, dass es Fehler sind.
Ich hätte geantwortet, wenn ich gewusst hätte,
dass du nicht ewig zuhören wirst.
Ich hätte mehr gewagt, wenn ich gewusst hätte,
es galt zu wagen, statt zu verzagen.
Ich hätte alles das getan.
Doch ich tat etwas anderes:
nichts.

FREUNDSCHAFT WIE DER WIND

ESSAY Warum ist Freundschaft in der postmodernen Gesellschaft so wertlos geworden? Der Versuch einer Erklärung

Musikhinweis Danny Wilson: *Mary's Prayer*

Ich habe vor einiger Zeit eine wichtige Freundschaft verloren. Macht doch nix, das wird wieder, sagen Sie. Sicher, man kann sich mit dieser Beschwichtigung des Vergangenen einiges glätten. Und wenn man Irvin D. Yalom in seinen Thesen der existenziellen Psychotherapie folgt, dann bleiben Menschen ihr Leben lang eine einzelne Person, für die eine Verschmelzung mit Dritten schlussendlich nicht möglich ist. Der Mensch kommt allein auf diese Welt und er verlässt sie wieder allein. Das klingt nach einer ziemlich einsamen Sache und das ist es auch. Denn so sehr wir auch Gemeinschaft in den sozialen Medien inszenieren, so wenig stimmt es dann am Ende. Eine Gemeinschaft gleich welcher Art, kann keine einzelne Person in ihrer substanziellen Existenz ersetzen. Das sehen Sie an Menschen, die ihre Lebenspartner immer wieder wechseln und dennoch nie das Gefühl der inneren Ruhe bekommen, nach dem sie so sehr suchen. Denn wenn in einem Menschen nichts Selbstsubstantielles (gewachsen) ist, dann ist es sehr wohl für dieses Individuum angebracht, Angst zu bekommen. Leider sind die verheißenden Möglichkeiten der Ablenkung von den schreienden existentiellen Fragen des Lebens lauter als je zuvor.

Der technologische Fortschritt lässt den post-post-modernen Menschen mit einem aus der Hand gewachsenen Display ständig vor sich selbst fortlaufen. Es ist eine digitalisierte Ausrede des aus-der-Welt-flüchtens. Die Menschen schotten sich mit Kopfhörern und dem fixierten Blick auf das Display von einer Welt ab, von der sie sowohl in der Makro- als auch in der Mikroperspektive den Überblick verloren haben. Sie haben es sich in selbst definierten oder algorithmisch auf sie abgestimmten Playlists heimelig gemacht. Damit dekonstruktivieren sie sämtliche externe Konfliktfähigkeit – ja, ihnen versiegt sogar alle Kontaktfähigkeit vor Eintreten jedweden Konflikts. In der von Ulrich Beck beschriebenen „Normalbiographie" fühlen sie sich ob der immer weiter entwickelnden technischen Möglichkeiten, die die großen und kleinen Ausreden aus den Normativen fast unmöglich machen, immer unwohler - können das aber nicht artikulieren. Durch die sozialen Medien gibt es eine immer stärker in den Alltag eingreifende Vorführung des „Normalseins" bzw. gar des „Mindestseins". Es ist eine Perversion, dem sich die „Konsumenten" hergeben, aber auch die „Darsteller" in den sozialen Medien, denen das gezeigte Leben auch nur strebsame Phantasie statt realem Erlebnis ist. Sie leiden still unter dem darzustellenden Zerrbild. Die Divergenz von Realität zu dargestellter Realität lässt die undarstellbaren Emotionen außen vor. Denn wie sehr ein Mensch mit sich eins ist, kann kein Status, keine Story einfangen. Vielleicht sind genau die, die wir nie sehen am ehesten in dem Zustand, den man mit einem „nah an sich selbst" beschreiben kann. Aber einfache Umkehrschlüsse sind auch keine Lösung.

Aber was bedeutet das für die Freundschaft in einer Zeit der technischen Möglichkeit zur Generierung ständig neuer Initialbeziehungen? Lassen uns das Internet und die Postmoderne den Halt zwischen Menschen außerhalb der Familie langsam erodierend vergessen? Ich denke leider, ja. Gleichzeitig steigt der normative Glaube an die (wiederentdeckte) Richtigkeit in der Erschaffung einer eigenen Familie. Da werden in den sozialen Medien das Kennenlernen des Partners, die Verlobung, die Hochzeit, das erste, zweite, dritte Kind, die Anschaffung des Hundes und das Beziehen des Eigenheims als zentrale Anker des Lebens in der Profilbeschreibung definiert. Mit exhibitionistischem Stolz wird gezeigt, wie sehr man auf dem Pfad des „einen" richtigen Lebens ist. Und dafür gilt es, Opfer zu bringen.

Weggefährten, die nicht mehr passen, weil sie anders sind, weil sie einem vielleicht auch die anderen möglichen und deshalb nicht falschen Seiten des Lebens zeigen und bewusst machen, werden der Sicherheit des eigenen Konstruktes wegen aussortiert. Die Familie wird in den Fokus der Richtigkeit gerückt, wenngleich nach Yalom eben jedes Bestreben nach Gruppe auch der stille Schrei zur Bekennung der (erlebten) Einsamkeit ist. Die Bigotterie der Haltung zur Familie als Heimat ist dabei wahrnehmbar. Was soll man sagen, wenn die nun verlorene gute Freundin sagt: Was soll meine Familie denken, wenn sie wüssten, wie ich wirklich bin (und fühle)? Wer so einen Satz im

Stillen oder auch zu Dritten sagt, sollte überlegen, wann er den Pfad der eigenen Redlichkeit seiner selbst dramatisch krachend verlassen hat. Was „nützt" einem die ach so heilige Familie, wenn man ihr ein Scheinleben vorspielen muss? Ist es nicht grade die Qualität „echter" zwischenmenschlicher Beziehung eben nichts mehr vorspielen zu müssen? Man sollte eine Familie oder auch Freunde, für die man sich in grundlegenden Ansichten verstellen muss, zum Teufel jagen. Oder seine eigenen verqueren Ideale, die einen in die Situation gebracht haben, ohne ein Schauspieler zu sein, ständig schauspielern zu müssen.

Der Wille zum Erfolg und des Individualisierens des eigenen Lebenslaufes wird zum Verhängnis, wenn man irgendwann merkt, sich selbst an eine Fiktion der Anderen verkauft zu haben. Es wirkt wie das Ausschließen aus einer Wohnung. Nur leider gibt es für das Sein seines Selbst keinen praktischen 24/7-Schlüsseldienst. Wird das Individuum statt zu einem Ergebnis seiner Selbstverwirklichung zu einem Zerrbild der externen Anforderungen? Werden die Freundschaften nur eine temporäre Flankierung des strebsamen Individuums? Oder waren sie jeher nur eine zeitlich begrenzte, auf Sach- und Situationszwänge begründete Konstellation und der Autor dieses Artikels romantisiert stärker als Goethe seine Charlotte Buff?

Was wurde nun aus der guten Freundin, mit der man sich sagte, man sei allen Widrigkeiten der Welt zum Trotz wirklich befreundet und stünde sich zur Seite. Eben auch dann, wenn es mal keine guten Tage gäbe. Die schlechten Tage kamen, die gute Freundin ging. Statt sich über den richtigen Weg der Freundschaft zu streiten, sich einem Ergebnis entgegenzuringen, tritt eine todesähnliche Stille ein.

Chats versiegen und werden zu einem knisternden Leerraum der Sprachlosigkeit, die sich nur in eine bisherige zwischenmenschliche Beziehung breitmachen kann. Bis keiner der beiden mehr traut sich zu melden. Warum sind wir nur so feige? Und fragen uns, was andere denken könnten, von denen wir, wenn wir nach Yalom gehen, doch noch weiter separiert sind als von den Menschen für die und mit denen wir eine Form der Freundschaft empfunden haben und gar erst empfinden konnten.

Es sollte das Wichtigste sein, Freundschaften zu pflegen. Gerade außerhalb der Familie. Auch extrafamiliäre Freundschaften sind ein Machtgefüge – sicherlich. Doch die Familie bietet aufgrund ihrer generationenbedingten und -übergreifenden Verbindungen noch mehr das Feld für Abhängigkeiten und Ausübung von Macht. Der Mensch sollte sich daher ein Netz aus selbst gewählten Menschen bauen, die ihn stützen, trotz unabdingbarer Tatsache der letztendlichen Einsamkeit qua Menschsein. Das ist aber aus genannten Gründen gar nicht so leicht, diese Menschen zu finden und dann noch zu halten. Roger Willemsen attestierte sich eine Begabung für die Freundschaft, die einer Familie ebenbürtig sein kann. Doch was, wenn vielen Menschen eben diese von Willemsen genannte Begabung zur Freundschaft fehlt? Vielleicht muss man lernen ein guter Freund zu sein.

Wenn man Andreas Reckwitz' Buchtitel „Gesellschaft der Singularitäten" folgt, so sind wir in der Moderne, die uns so viel technische Verheißung und folglich Möglichkeiten eröffnet, mehr in unserer eigenen Verlassenheit gefangen. Menschen können sich Lebensräume frei wählen, sie können global reisen, sie können viel mehr Standes- und Ortsunabhängig sich selbst entwickeln. So scheint es, so wird es deklariert. Ob die gläserne Decke nicht doch eher splittert als durchlässig zu sein? Nur weil man etwas positiv etikettiert muss es ja noch lange nicht wahr sein. Menschen, die hier besonders reüssieren sind wie meine ehemalige gute Freundin. Sie sind angepasst, man attestiert ihnen besondere Verlässlichkeit. Doch wenn es ernst wird, gerieren sie sich als Beispiele der menschlichen Singularisierung. Sie diffundieren einem hinweg und keiner nimmt Anstoß, denn keiner kennt sie. So weniger man sich gegenseitig kennt, desto einfacher ist alles. Das Kennenlernen, das Trennen. Wir agieren als menschliches Teflon. Jede Verwundung vermeidend, keine Möglichkeit zur Verhakung ineinander. Und machen uns in allem Streben nach Unabhängigkeit zur Geißel der Abhängigkeit von Idealen, die wir a priori nicht erfüllen können.

Sie sagte mir mal, die Vergangenheit zähle für sie nicht, das sei ihre „Psychohygiene". Alleine diese Wortverwendung hätte mich stutzig machen sollen. Da wusste ich noch nicht, dass sie mich dort schneller einordnen würde, als ich reagieren konnte. Vergangenheit gilt als vergessenswert. Aber ist das nicht ein falsches Verhalten? Sind wir nicht immer auch ein Ergebnis unserer Vergangenheit, der wir nicht entfliehen können und auch nicht sollten? Warum wollen wir immer alles kappen und dann stromlinienförmig uns neu erschaffen? Wir imitieren die Eltern, deren Unglücke im Lebenslauf uns ganz klar vor Augen sind. Wieso fällt es den Menschen so schwer aus diesem Rad aus- und nicht immer wieder einzusteigen?

Wir drängen Bindungen weg, die uns gefährlich werden könnten. Immer dann, wenn es endlich mal authentisch würde, brechen wir ab. Wir lassen Chats versiegen (von realen Kontakten ganz zu schweigen) und warten ab zu antworten, um uns interessanter zu machen. Bloß nicht in den Verdacht des Zeithabens kommen. Das zeugt nämlich von zu wenig „Attraction" und lässt einen in der Werteskala sinken. Man nutzt das Whatsapp-Bild als letztes Guckloch zum anderen, verbringt Zeit damit, Onlinestati zu vidieren. Und wenn man denkt, man sei damit alleine, kennt man die anderen nicht gut. Menschen verraten einem diese „Leidenschaft" nur selten. Und so stelle ich mir vor, wie die Menschen vereinsamt am Smartphone sitzen und die Minuten zählen, wann eine Antwort nicht dem eigenen Status abträglich wäre. Eine fremde Welt, denkt man, und schaut aufs Smartphone.

Manchmal denke ich, wo ist sie nur hin? Und wo ist diese schöne gemeinsame Zeit geblieben, die wohl nur noch für mich eine gute Erinnerung ist und für sie ein Relikt einer vergangenen Zeit, die es im Rahmen der „Psychohygiene" zu vergessen gilt. Sie lebt, soweit ich weiß, aber sie ist weg. Lebt sie daher noch für mich? Es fühlt sich an als sei sie gestorben. Ihr Chatfenster ist gleich über dem meines besten Freundes. Mit einem Unterschied: er ist wirklich gestorben. Aber die Freundschaft mit ihr, ist es wohl auch.

02. April 2020

Hinweis Diesen Artikel können Sie sich auf *Youtube* auch anhören. Gelesen vom Autor.

originäres Veröffentlichungsdatum: 21.11.2020

REUTER UND DIE AUSSICHT

Es regnete unablässig,
das Wasser zog Schlieren am Fenster.
Reuter blickte still hinaus.
„Nach was schaust du?", fragte Alba.
„Nach ihr", raunte er still.
„Aber Reuter, da ist niemand."
„Eben", antwortete er.

„Reuter, weinst du?"
„Woher sollen die Tränen noch kommen?"
Alba setzte sich auf den knarzenden Holzstuhl hinter ihm. Sie seufzte leise.
„Was zählt das woher, wenn wir nie wussten, wohin? Wenn alles verging, ohne dass wir es wussten zu handhaben?"
„Das ist das Leben, Reuter."
„Sagst du."
„Sag ich."

Es begann zu gewittern, das Grollen zog durch das Tal.
Die Vögel zwitscherten, durch die Bäume rauschte der Wind.
„Wenn alles noch wäre, was einmal war, was wäre das für ein Leben?"
„Keines, was wir bewältigen mehr könnten."
„Mir war nicht klar, dass wir irgendwas jemals hätten bewältigen können."

NÄCHTLICHER NULLRAUM

Die Nacht ist ein Mantel des ruhigen Ausdenkens von Gedanken, die der Tag mit aller Härte seines Existenzlärms versucht zu überdecken.
Ahja, sagen Sie als jemand, der um zehn Uhr in einen Schlaf der kapitalistisch-induzierten Müdigkeit gezogen wird. Aber was soll man denn noch machen, jetzt auch noch denken? fragen Sie, leicht empört.

Nunja, das Herauszögern der Gezeiten des menschlichen Wachseins kann dazu führen, dass man Grenzbereiche erkennt und damit erst die Chance hat, sie reflexiv auszuloten.
Die Nacht ist für die meisten Menschen ein Nullraum ihrer Existenz. Dieser Raum lässt sie zwingend ruhen. Doch der Alltag verhindert ihnen damit jedweden Genuss der Nacht als Ruheraum der lauten Gedanken.

Der innere Maschinenraum kann frei jeder Ablenkung rumoren und sich damit ordnen.
Doch dieser Zustand braucht zur Entstehung Freiheit und Muße.
Wer also mehr muss als möchte, dem sind die Hürden hoch.
Doch auch hohe Hürden sind nicht absolut. Sie sind bezwingbar.

Aber wozu?, fragen Sie.

Das ist es, was nun schwierig wird zu erklären.
Denn das, was da kommt, dieser Mantel der Nacht, der Sie in sich aufräumen lässt, ist kein wortreicher.
Es ist ein fühlreicher.

Der Weg dahin ist gesäumt von Enttäuschung voller Unruhe.
Doch wer sich den Mantel passend anzieht, wird nach gewisser Zeit einen unverzichtbaren Drang verspüren, die Nacht zu leben, denn zu verschlafen.

Die Nacht ist so kostbar, sie sollten sie nicht an ihre Müdigkeit verschenken.
Wann ich auf diesen Gedanken kam, fragen Sie.
Sie können es sich denken.

Lesetipp Irvin D. Yalom: *In die Sonne schauen. Wie man die Angst vor dem Tod verliert*

FATALISMUS HILFT IMMER NICHT

Ich stelle mir den Tod als entspannte Sache vor.
Nie wieder Emails, nie wieder Termine oder hinterfotzige
Leute, denen es nicht um die Sache, sondern ihre
lächerlichen Animositäten geht.

Wenn da nicht dieses Sterben wäre.
Bei aller Klarheit über die unweigerliche Existenz, so
unplanbar, so unvorhersehbar.
Und vielleicht auch schmerzhaft oder verzögert.
Die Hoffnung, die uns aber alle retten kann, ist, dass wir
dann im Tod nichts mehr davon miterleben.

Alles dreht sich auf null.
Alles hat eine Chance auf Vergessen.
Macht es das besser?
Nein.

Es herrscht kollektives Verdrängen. Der Mensch ist wohl
das einzige Lebewesen, das weiß, dass es sterben wird.
Es ist wie die Standheizung beim Auto:
Eine gewisse Noblesse, aber auch teure Bürde des
Besitzes.

Nun, wie damit umgehen? Wir brauchen den Lärm des
Tages, des Lebens, um zu vergessen, dass alles auf der
Kippe zum unendlichen Nichts steht.
Wenn wir das fatalistisch sähen, brächte alles nichts.

Hinweis Interview mit Thommie Bayer auf *freitag.de*: „*Es ist ein Skandal, dass es passieren wird*"

HAT EPIKUR RECHT?

Man wird nachts wach und
denkt: Ich muss sterben! -
irgendwann
aber dann.
Dann wird es soweit sein.
Der letzte Gedanke,
das letzte Gefühl,
so wird es wohl sein.
Doch was bedeutet etwas,
was keiner wirklich kennt?
Wohl wenig, wenn es nach Epikur geht,
wohl viel,
wenn es um den eigenen Tod geht.

DIE NÄCHSTEN WERDEN DIE NÄCHSTEN SEIN

Als meine Mutter starb,
war ich noch gar nicht alt genug,
um mir selbst ein Elter zu sein.
Nun lebe ich wie lang schon ohne
die beiden.
Beinahe weiß ich nicht mehr wie es war mit ihnen.
Doch ohne sie,
ist kein Zustand
der Akklamation.
Es ist kein Reinwaschen
der alten Zeiten.
Es ist nichts dergleichen.
Es ist kein neues Sein
aus alter Substanz.
Es ist, was jede nächste
Generation erfährt:
das Aufrücken an den
eigenen Abgrund,
die eigene Endlichkeit.
Sie kommt, unaufhaltsam.
Hören Sie genau hin,
Sie werden das Ticken
Ihrer Uhr auf einmal wahrnehmen.
Lauter und lauter und
— — — stop.

WENN ICH MAL GEHEN MUSS

ESSAY Jede Zeit außer die der Zeit, ist endlich. Was mir am Ende meiner Zeit wichtig würde

Musikhinweis Randy Newman: *When I'm gone*

Ich habe in meinem frühen beruflichen Leben im Rettungsdienst viele Todesarten und noch mehr verschiedene Arten sämtlicher Vorstufen, dem Sterben, erlebt. Es gibt wohl nur den einen Tod, aber der Weg dahin, ist so individuell wie das Leben jedes einzelnen Menschen, ja wohl jedes Lebenswesens in diesem unergründlichen Etwas, was wir ‚Welt' nennen, um die Wucht der Unerklärbarkeit aushalten zu können. Wenn Sie den Text lesen, werden Sie vielleicht merken, dass es kaum um externe Sachbezüge geht. Kein Wetter, keine Orte, keine extrakorporalen Routinen - außer die der Menschenresonanz. Ich glaube fest daran, dass diese ganzen technischen Reize, nur der Paralyse des Lebenserlebnisses des Einzelnen dienen. Und damit in eine kollektive Parallelwelt der Endlichkeitsverwegerung führen. Viele Menschen leben ein „lala-tralala- Leben" - laut, vorpreschend, lustversessen und dabei auf eine erschreckende Weise erlebnisleer. Zwischen erleben und erledigen liegen Welten. Sie müssen, so meine Auffassung, nicht rumreisen, rumkraxeln, Orte abhaken, Erlebnisse sammeln, mit angeblichen ganz tollen Freunden angebliches Halligalli machen, um ein erfülltes Leben gehabt zu haben. Ich denke sogar, vielen ist nach einem anscheinend vollen Leben klar, dass es das nicht war. Aber was wäre wahr gewesen? Das muss jeder, mit großer Arbeit und durch und an sich, selber herausfinden und ausdefinieren. Doch jeglicher Privatexzess, ists sicher nicht. Denn dann haben Sie zwar viel erledigt, aber dennoch nix erlebt.

Die Fragestellung der folgenden Zeilen war, was mir wichtig wäre und würde, wenn ich wüsste - oder auch nicht - dass das Ende naht. Wie alle Zustände, habe ich die nicht immer leichte Überzeugung, dass das Durchdenken von Etwas dem ganzen zumindest teilweise seinen Schrecken nehmen kann - wenn es nicht zu einem wiederkehrenden alptraumhaften Erleben wird. Und vielleicht fragen Sie sich am Ende dieses Textes auch, was Ihnen wirklich an Ihrem Ende wichtig werden würde. Vielleicht ist es etwas ganz anderes, als das ich es mir wünsche.

Die Zeit in dem Dasein, was wir als das Menschsein beschreiben, ist ein endliches. Ein unvorhersehbares, vages. Wir hätten gern Verbindlichkeit, wüssten aber davon gerne erstmal nichts. Denn wer will schon sein Todesdatum wissen? Andererseits wäre ein Leben ohne Grenze kein Leben, sondern eine unlebbare Utopie, ganz wider der grundmenschlichen Existenz, ja wider der ganzen Struktur unserer Erde. Alles was lebt, erblüht. Und wo es blüht, muss es welken. Denn ohne Welken, kein Blühen. Ohne Vergehen kein Kommen. Neues geht nicht ohne dass das Alte Platz macht, denn der ist limitiert.

Ob man spontan gehen muss oder darf, oder Zeit hat, dafür gewiss seelisch und körperlich leiden muss (wohl nicht darf, oder?) - das entscheidet allein Er - oder wer? Das spontane lässt dabei so wenig Abschied zu, das lange Spiel zum Ende lässt einen dagegen vielleicht zum Zerrbild seiner Selbst werden. Alles ist keine Lösung, denn die Lösung gibt es nicht.

Was würde ich mir wünschen? Ich würde mir wünschen, den Menschen denen ich in Liebe verbunden bin, sehr intensiv nochmal nah zu sein. Den wenigen, die viele sind, denn ich habe und werde mich in meinem Leben immer selektiv-begrenzt für Menschen, dann aber ganz, entscheiden. Sie sollten mir nah sein, wir wollen zusammen sitzen, reden, schweigen und singen. Wir sollten gemeinsam weinen, und dann herrlich lachen. Ich bleibe immer ich. Egal wie ich mich verändern muss. Ob sabbernd oder säuselnd. Ich bleibe immer ich. So sollen meine Lieben nicht aus Furcht weglaufen, sondern bleiben und dabei wissen, dass ich doch immer noch der bin, der ich immer war. Ich bleibe immer ich. Sterben gilt es zu ertragen, wenn man doch das Leben gemeinsam teilte, so sollte man dringlichst auch das Sterben gemeinsam durchschreiten.

Ich möchte meine Lieben bei mir haben. Mit meinen Kindern albern, mit ihnen nochmal Hörspiele in Dauerschleife hören, in Büchern blättern bis die Seiten ausfallen. Meine Frau, mein Lebensbahnhof, soll mir nahst sein. Ich will ihr sagen, sie spüren lassen, das gehen müssen nicht verlassen werden heisst. Ich werde immer da sein, mit meiner Aura wie bisher. Ich will allen in die Augen sehen, ich will sie riechen und ihr Sein nochmal verinnerlichen.

Ich will ihnen auf wiedersehen statt tschüss sagen. Ich will ihnen glaubhaft machen, dass der Sonnenaufgang nicht am Einzelnen hängt und dass das Leben eines Einzelnen für eben diesen jeweils Einzelnen größer ist, als am vergehenden Leben des Anderen seine eigene Verdammnis verpflichtet zu sehen. Gehen zu müssen, wird nie ein Sonnenaufgang sein, doch kann es wie jeder Abschied durch das Annehmen desselbigen zu Erträglichkeit führen. Daran glaube ich.

Ich will Frieden ausstrahlen, in einer Welt, die diesem Frieden nie gerecht werden könnte. Aber mit Menschen, den Lieben, mit ihnen werde ich Frieden erleben und in diesem Frieden mich verabschieden in eine Ewigkeit, die uns alle einen wird.

Nur irgendwann, nicht bald. Doch dann, dann soll es so sein wie eine Umarmung, die in einen tiefen, traumlosen Schlaf mündet. Auf wiedersehen, sage ich dann, und meine es auch so. Ich liebe euch, und mehr, mehr muss nicht sein, denn mehr kann nicht gewesen sein.

originäres Veröffentlichungsdatum: 06.09.2021

DER KLEINE TOD DER
DUNKLEN NACHT

Es ist der Nachbar
der niemals schläft,
den wohl das Schicksal
ewig wachend hält.
Was ist ihm wiederfahren,
dass seine Seele niemals
ruhen,
nie ins dunkle Aus
der Physis gleiten darf.
Wohl dem der im Dunkeln
dahin darf, wo nichts mehr
ist, was vielleicht gar nicht war.
Die Nacht bringt vielen Furcht,
wollen sie den kleinen Tod nicht sterben,
den jede Nacht verspricht.
So bleiben sie im ewig Hellen,
um doch nie hell zu sein.
Wünsch' ihnen bald mehr Ruh',
denn die letzte Ruh',
die ist's nicht.

DIE FEHLERSUMME DER EXISTENZ

Wahrscheinlich sind wir die Summe
unserer Fehler.
Nicht die unserer angeblich so richtigen Entscheidungen.
Denn welcher Mensch kann schon selbst entscheiden?
Doch wenn es keine Entscheidungsmöglichkeiten gibt,
dann wohl auch keine Fehler.
Und wenn es keine Fehler gibt,
dann wohl auch kein diese bedingendes Tun.
Und wenn es kein Tun gibt,
gibt es dann eigentlich uns?
Oder sind wir nur das Ergebnis des Unterlassens
von etwas, was weder Tun noch Fehler gewesen ist?

EIN BRIEF AN DIE VERSEHRTHEIT

Liebe J.:

die Erkenntnis der eigenen Verletzlichkeit,
ist immer ein zehrender Moment
der Selbstwahrnehmung.
Sieh es nicht als Fehler,
nicht mal als Dummheit.
Vielleicht als Schicksal, als Pech.
Als das was das Leben ausmacht:
die Unberechenbarkeit der Dinge.
Im Guten wie im Schlechten.
Sieh es als Bewährungsprobe
für das Aushalten von Dingen,
die man nicht ändern,
aber die man passieren kann.
Und was an der Zeit passiert,
das ist aushaltbar.
Als Zustände der wahren
eigenen Reifung.
Der Willenswerdung
um des Willens wegen.
Gute Reise durch
das eigene Selbst!

                                              Dein
                                              Jan

DIE TRAGENDEN ZEILEN
FÜR EINEN ICH-FREMDEN TAG

Sollten dich deine Hände nicht halten,
deine Gedanken nicht tragen,
deine Erfahrung nicht helfen,
deine Sorgen zehren,
deine Stimme versagen,
und die Bilder dich fürchten:
So denke an uns,
die wir alle etwas sind,
was du uns gabst.
Und so sieh uns an
und seh dich selbst,
und du weißt,
dass du - nur du allein -,
es schaffst.

DER BLICK IN DAS DAMALS

Reuter saß da und schaute.
Er schaute nur noch geradeaus.
„Wohin schaust du?", fragte Alba.
„Wohin? Nach da, da schau ich hin.
Ich schaue in das Damals
und spüre nichts als gar nichts mehr.
Es ist vergangen,
wie von Bernstein umhüllt.
Wunderschön wenn das Licht drauf
fällt, doch für immer isoliert
vom Jetzt und Gleich.
Es war einmal das Gute,
was zugleich zerrann in
das Passierte.
So bleibt mir nur der weite Blick
in das was nicht mehr ist
und nicht mehr wird
und manchmal noch
das erhellt,
was nun für immer dunkel bleibt."
Dann schwieg Reuter.
Lange.

DIE RUHE BEI DEN ANDEREN

Wo ist die Ruhe
der Nacht
wenn man sie braucht?
Sie ist hinfort zu
denen, die sie haben.
Denn alles ist dort,
wo wir es wähnen.
Mehr braucht es nicht
als es zu denken,
dann wird es sogleich wahr.
Wahr für uns nur selbst,
denn niemanden sonst gibt es,
dem es wahr es werden könnte.

KLANGRAUM DER ANGST

ESSAY Der Autor wuchs mit Homosexuellen auf. Im Alter muss er lernen, dass Heterosexuelle an ihrem imperativen Normalsein mehr leiden als gedacht

In meiner Kindheit, war ich fast nur von Homosexuellen umgeben. Ohne Vater aufwachsend, waren das also meine fast einzigen männlichen Kontaktpersonen. Weltgewandt, immer mit einem Hauch Weltgefühl in der Luft, grad vom letzten Umlauf von der Langstrecke zurückkommend, waren sie allesamt sanftmütige, herzliche und stilvolle Menschen. Männer mit Contenance, mit Feingefühl und Weitblick. Vielleicht, sagen Sie, hatte ich bei genau diesen homosexuellen Männern Glück? Vielleicht, ja. Aber in meinem bisherigen Leben habe ich noch viele homosexuelle Männer kennengelernt (ersparen Sie sich und mir den Witz, den Sie grade im Kopf formulierten - dazu später mehr im Text), und viele Verhaltensweisen bemerkt, die bei Heterosexuellen manchmal fehlen, oder aber unterentwickelt sind.

    Das wahrscheinlich größte Problem ist die Bürde des vermeintlich Richtigen, was Heteros auf den Schultern wie ein Gewicht lastet. Ihnen wurde suggeriert, ihre Partei, das sei das Wahre, die anderen, das sei die Abweichung. Nun kommen wir ja aus einer Entwicklung, wo die angebliche Abweichung zuerst sogar ernsthaft als Krankheit galt, dann noch als verboten und dann als „wenigstens" geächtet. Wenn man schon nicht mehr mit ICD-Diagnosen und §175 StGB gegen diese „Abarten" ankam (siehe dazu den Film *Der Staat gegen Fritz Bauer*).

Das alles nur eine Frage der Sozialisation ist, sehen Sie an mir: ich finde Heterosexuelle bis heute eher gewöhnungsbedürftig, obgleich ich es selber bin. Genauso beim Fremdsein. Wer welchen Pass, welche Herkunft hatte, galt bei uns zuhause als irrelevant. Daher verstehe ich auch keinen Fremdenhass oder den Drang zu wissen, woher denn nun wohl jemand „eigentlich" kommt. Ich fühle auf diesen Feldern, die ich rational verstehe, nichts. Da wären wir auch bei dem, was die „Abweichung" so ungerecht macht: man kann sie sich nicht aussuchen. Daher ist die Unterstellung der angeblichen Mehrheit, es sei eine Abweichung gleichgeschlechtlich zu leben, eine Farce. Es ist wohl reiner Zufall, eine Laune der Natur. Und wer würde einem Orkan einen Vorwurf seiner Existenz wegen machen?

Minoritäten herabzuwürdigen ist ein Sport der Masse. Es stählt die selbige und hilft über die eigenen Selbstzweifel hinwegzublenden. Über die anderen reden, sonst müsste man ja Nabelschau betreiben - was da aber bitte nicht bei rauskäme! Ach, apropos: die Nabelschau der Heterosexuellen würde so einige Abgründe zutage kommen lassen. Merklich daran, wie viele Heterosexuelle ungefragt mitteilen, sie hätten an Männern gar kein Interesse. Und „Homos" seien ja schon ok, aber nur „wenn sie einem nicht an den Arsch gingen". Das ist der Punkt an der man an die Verblödung der Masse glauben und nach deren heimlichen Neigungen fragen sollte. Es ist kein Geheimnis, das Menschen, die etwas partout negieren und verdammen insgeheim genau dieser Sache zugetan sind. Vielleicht würden die grölenden Herren gerne selber mal im Saunaclub nette Erfahrungen sammeln, in ihren heimlichen Träumen, die noch verbotener sind, als die allgemeine Steuervermeidung. Wenn man hierzu auch nur ein wenig insistiert, entlädt sich der ganze gelernte Macho-Hass eines Vorzeigeheteros. Sollte man da am Tisch nicht rufen: „Bingo!"?

Stramme Heterosexuelle können einem fast leidtun, leiden sie doch mehr als alle anderen - und das obgleich sie im Kreise der angeblich Richtigen sind. Aber so wie eine große Stadt immer aus einzelnen, individuellen Stadtteilen besteht, so besteht auch die angeblich homogene Masse aus viel mehr Heterogenität, als dem vermeintlich führenden Genital lieb ist. Und so wird gebellt, gehasst und ausgegrenzt. Folgt man als Mann nicht den immer in Gruppen mit innerem Zerrzwang angelegten Verhaltensweisen, blüht einem die Ächtung (denken Sie an Fußballer-Outings). Da das einzelne Individuum aber in der Regel nichts mehr fürchtet als die Bloßstellung und Ausgrenzung, wird so gut wie alles mitgemacht.

Ich habe einen sich als sehr heterosexuell gerierenden Freund, nennen wir ihn Werner. An ihm statuiere ich gern das Exempel, und berühre ihn im Café sitzend am Knie. Dann blickt er sich panisch um, schaut, ob die Menschen schauen und hat ernsthaft schon zu den dann sehr irritierten Sitznachbarn gesagt: „Es ist nicht so wie es aussieht! Ich bin nicht schwul! Und er (auf mich zeigend) auch nicht, er tut nur so." Ach, Werner. Sie sehen, da möchte jemand mal etwas aus tiefem Herzen tun.

Eine Bekannte hingegen ließ es auch an unterschwelliger Angst nicht vermissen. In den sozialen Medien postete sie eine Erinnerung von vor ein paar Jahren, als ihr damals noch junger Sohn mit Make-Up spielte und sich gern schminkte. Das Bild dieser Situation untertitelte sie mit dem Hinweis, dass der Sohn inzwischen Fußball spielte. Ergo: er hatte glücklicherweise auf den „richtigen" Weg zurückgefunden. Mehr Gendershame geht kaum, insbesondere wenn man die darunter liegenden, zustimmenden Kommentare berücksichtigt. Dass meine Mutter von einer Verkäuferin unfreiwillig im Sinne der Verkaufsberatung aufgeklärt wurde, wenn ihr Junge mit Puppen spielte, würde er schwul, lassen wir mal als Anekdote der grauen Achtziger gelten.

Das Traurige ist daran, wenn man diese Gruppen mal in zufällig versprengter Form antrifft. Nach ein, zwei, drei Gläsern Alkohol wird so einiges zum schmachtenden Konjunktiv. Viele Jobs finden nur deshalb Nachwuchs, weil die Menschen etwas Vernünftiges meinen ergreifen zu müssen, statt ihren Interessen zu folgen. Und so ist es auch mit den tieferliegenden Bedürfnissen. Sie werden unterdrückt, sie kochen und sind dabei aber nicht elimenierbar. Sie suchen sich Rinnsale. Werden atypisch ausagiert oder in einer heimlichen Weise ausgelebt.

Homosexuellen Männern wird von Heterosexuellen gerne abattestiert, sich um Kinder kümmern zu können, Angst vor Pädophilie bricht sich Bahn. So ein Quark! Sie sehen wie sehr sich die selbst ernannten Richtigen um die Deutungshoheit fürchten, wenn sie so einen niederträchtigen Vorwurf einwerfen. Wie eingangs erwähnt, haben mich meine ganze Kindheit und Jugend schwule Männer geprägt. Sie haben mir gezeigt, was Stil ist, Geschmack für Mode, den herzlichen Umgang miteinander - ja, und auch das probate Mittel des Zickens. Ich profitiere von allem noch heute jeden Tag. Ich kichere lieber mit meinem Friseur Reiner herum (dem ich seit 15 Jahren die komplett asexuelle Treue halte) als den Macho in der Fußballgruppe zu mimen. Sicher hat mich die Zeit zwischen Schwulen zu einem besseren Heterosexuellen gemacht.

Glück gehabt.

originäres Veröffentlichungsdatum: 21.04.2020

BRIEF AN EINE DREISSIGJÄHRIGE

Liebe B.:

nachträglich von mir herzliche Glückwünsche zu deinem dreißigsten Geburtstag.

Kann diese Zahl erschrecken? Mit Sicherheit, ja. Hat Alter eine Bedeutung im finalen Sinne? Nein. Der sehr pessimistische Schriftsteller Thomas Bernhard sagte einmal, dass im Angesicht des Todes, alles lächerlich sei. Das kann manchmal helfen, Dinge leichter zu sehen als sie wirklich sind. Denn natürlich hilft diese fatalistische Sichtweise nicht darüber hinweg, dass jedes Leben seine zu umschiffenden Klippen hat. Man kann keinem von Liebeskummer geplagten Menschen sagen, es sei lächerlich, was er empfinde. Denn das was die Menschen empfinden, macht sie ja erst zu dem, was sie sind: Menschen.

Empfinden ist auch ein Merkmal der grundlegenden seelischen Gesundheit. Menschen in existenziellen Krisen haben dieses Empfinden eben oft nicht mehr. Weil die Situation sie überempfinden ließe oder die Situation nicht überlebbar im Empfinden wäre. Wenn man den dreißigsten Geburtstag also empfindet und das als eine Wegmarke spürt, ist das zu goutieren.

Was nicht ok ist, ist das, was viele Menschen in der Gesellschaft grad wieder machen: Nach der Befreiung durch die 68er, befinden wir uns im völligen Rückmarsch auf „alte Werte", denen man konnotiert, doch die besseren zu sein. Junge Menschen glauben wieder, nur als Paar sei man existenzgesichert und vor allem: existenzberechtigt. „Zu zweit ist man weniger allein", „Glück wird erst zu zweit wirklich gut", „Ohne dich bin ich nichts" – man kann eine ganze Reihe zeitgeistbasierter Sprüche derlei Art sammeln. Sie vereinen alle, dass dem Menschen abgesprochen wird, alleine eine Vollkommenheit in seinem Sein zu empfinden und daher sie/er nach „dem" Partner streben muss, um in den See der existierenden Glückseligkeit überhaupt tauchen zu können – vielmehr: zu dürfen.

Was in einer Gesellschaft immer wichtig ist, dass sie ein Eisberg ist. Das meiste sieht man eben nicht. Familien und Freundschaftszirkel sind oft mehr Macht- als Liebeskonstrukte und die Abhängigkeiten werden mit beschreibendem Honig umstrichen. Es zerrt viel am zeitgenössischen Individuum und es braucht schon viel Abstraktionsfähigkeit und Stärke für den Einzelnen, sich diese ganzen ungeschriebenen Verpflichtungen auf Distanz halten zu können und selbst zu einer Entscheidung gelangen zu dürfen.

Dies benötigt aber Raum.

Dieser Raum ist zu schaffen zwischen dem Reiz und der darauffolgenden Reaktion. Bei den meisten Menschen ist dieser Raum zu einem sehr kleinen Spalt verkommen. Sie begeben sich in der Hoffnung der anzustrebenden Richtigkeit in Verpflichtungen und Abhängigkeiten, die sich bei Tageslicht als Geißeln der Selbstentfaltung und -verwirklichung herausstellen. Deshalb sehen und handeln viele Menschen im Alltag so wie sie es tun. Gedrängt, verpflichtet, gestresst. Man muss sich die Welt und ihre

Anforderungen auf Abstand halten. Der Imperativ der Leistung ist in der Spätmoderne längst zu einem fixen Bestandteil des Privatlebens avanciert. Da gelten die Angaben wann man geheiratet, Kinder bekommen hat, usw. als Indiz für den Grad der Integration, viel mehr noch als Integrationswillen eines jeden Einzelnen.

Wenn Menschen im Umfeld trotz einer zur Selbstverwirklichung notwendigen Konturierung des eigenen Seins für einen da sind, sind wirklich passende Komplizen fürs Leben gefunden. Ohne diese Komplizen geht es wohl nicht; der Mensch ist ein Gemeinschaftswesen, volleinsame Eremiten dann doch eher eine Mär als eine Tatsache. Der Weg zur Erlangung dieser Komplizengruppe ist weit, entbehrungsreich und voller Enttäuschungen gesäumt. Das ist anstrengend, für viele zu anstrengend. Wenn die wüssten, wie anstrengend der einfache Weg wird...

Die durch das Umfeld gestellten imperativen Anforderungen an eine Frau über dreißig ohne Partner sind scharf wie lange nicht mehr und dem ganzen gilt es durch die eigene Formfindung und -bewahrung Einhalt zu gebieten. Nichts eilt, nichts muss. Ich las einmal in einem wider Erwarten guten Ratgeber für Selbständige, dass man selber für eine Entscheidung ein „bedingungsloses Ja" bräuchte, damit die Sache nicht schon per se zum Scheitern verurteilt ist. Daher hilft die Frage im Stillen in Entscheidungssituationen: Gibt es für diese aktuelle Sache ein bedingungsloses Ja? --- Nein? --- Dann nicht.

Ein Nein zu akzeptieren ist für viele Menschen derweil sehr schwer, weil es sie in ihrer eigenen, meist ungefestigten Haltung verunsichert und sie zum Ausagieren dieser Empfindung ihre Unsicherheit wiederum auf das verneinende Subjekt projizieren, welches wiederum dadurch auch Verunsicherung empfindet und dann in der Regel einlenkt. Dem gilt es, trotz nicht zu vermeidender Niederlagen, standzuhalten. Ablehnung zu ertragen. Ausgrenzung zu erleben und dennoch nicht sich selbst an eine vermeintlich notwendige Gruppenintegration („die Verheirateten") zu verkaufen. Es gibt niemals das *eine* gute Leben. Wenn es das überhaupt gibt.

Es gilt, jetzt erst recht, Haltung zu bewahren.
Am besten die eigene.

Es herzt dich
Jan

DIE WAHLLOSIGKEIT DES AUSSERHALB

Die möchten nicht so sein wie ich.
Ich habe aber keinerlei Wahl mir selbst und deren Urteil zu entkommen.
Es ist das Schicksal der Eigenständigkeit in der Leere der Gemeinschaft.
Es gibt wohl keine Gemeinschaft in Verschiedenheit, nur in vollkommener Gleichheit der Darstellung.
Doch die Darstellung ist alles, die eigens empfundene Gefühlswirklichkeit dagegen nichts.
Doch was wäre der Preis für das wahre Empfinden?
Es wäre der Verlust des zum Überleben erkorenen Anschlusses.
Wo Gemeinschaft endet, da beginnt keine Eigenständigkeit.
Da steht nur noch die Haltlosigkeit fest, und die Gewissheit, von der Gemeinschaft geurteilt zu werden, ja geurteilt werden zu müssen.
Denn nichts fürchtet die Gemeinschaft mehr als das wahre Empfinden jedes Einzelnen.
Und wer will das, außer die Wahllosen.

DER ADRESSAT, BIN IMMER ICH

Der junge Mann joggte an ihm vorbei.

„Für wen machen Sie das?", fragte Reuter unvermittelt.
„Für mich!", rief der junge Mann und rannte lächelnd weiter.

Wen er damit wohl meinte, fragte Reuter sich.

DER LETZTE, DER ÜBRIGBLEIBT

Wenn Sie einen Mann an der Straßenecke stehen sehen,
der verloren wirkt,
dann bin das ich.
Wenn Sie das denken, haben Sie recht.
Es muss diesen Einen geben.
Es gibt den Ersten, und den Letzten.
Der Letzte, der bin immer ich.
Ich habe mich dazu nicht entschieden.
Wer tut das auch schon?
Nun, da stehe ich also, aber bin ich?
Wohl kaum.
Selten. Oft nicht.
Aber für wen auch? Keiner mehr da.
Egal, sagen Sie.
Haben Sie schon wieder recht.
Hilft mir das?
Nein.
Muss es das?
Nein.
Sie sind ja noch da.
Wenn Sie gehen, dann stimmt es wieder.
Was?, fragen Sie.
Ich bin der Letzte, ohne Sie.

Warum muss alles Wichtige, immer ausführlich sein?

17 Postkarten
1000 Emotionen
1 Leidenschaft

Nur auf
behmann.de/edition
@behmann_schreibt

ALLTAGSFURCH[T]

Wer den Alltag nich[t]
den sollte es fürchte[n]
Denn da[s Le]ben ist
Es [ist ein Glü]cksspi[el]

DIE LIEBE DES VERGANGENEN WOLLENS

Ich hätte dir gern mehr Liebe gegeben,
wenn ich gewusst hätte, wie.
Ich hätte dir gern mehr Antworten gegeben,
wenn ich gewusst hätte, welche.
Ich hätte dich gerne länger im Arm geh[alten],
wenn ich gewusst hätte, wann.
Ich hätte Fehler vermieden, dass es F[...]
wenn ich geantwortet, wenn ich
dass du nicht ewig zuhören, we[...]
Ich hätte mehr gewagt, statt zu
[es] galt zu wagen, statt zu
[ich hät]te alles das geta[n]
[...] etwas a[...]

Was bedeutet Leben?, fragt sich der Autor Jan C. Behmann seit er denken kann. Die Antwort fand er in seinen eigenen Glossen.

„Von Ihrem Tun und Wirken, läse ich gern weiter."
— Peter Handke
Literaturnobelpreisträger

Endlich ein gutes Geschenk.
Buchbestellung:
behmann.de/edition

Jan C. Behmann

medicteach.de
behmann.de
@behmann_schreibt

Jan C. Behmann, 1985 geboren in Hannover. Ausbildung zum Rettungsassistenten und Tätigkeit im Rettungsdienst, u.a. am Frankfurter Flughafen.

2007 Gründung der Firma medicteach, die er bis heute als geschäftsführender Gesellschafter führt. medicteach hat seit seiner Gründung bisher mehr als 20.000 Teilnehmende geschult. Im Bereich Arbeitssicherheit werden Firmen von New York bis Seoul beraten.

2006 ein erster Fachartikel, mehrere Jahre fester freier Autor des *Rettungsmagazins*. Autor eines DGUV-zugelassenen Erste-Hilfe-Lehrwerks in bislang dritter Auflage mit mehr als 8000 Exemplaren on- und offline. Seit Herbst 2021 auch in englischer Sprache verfügbar. Seit 2010 Mitherausgeber und Co-Autor eines Notfallhandbuchs mit mehr als zehn Auflagen.

Seit 2017 fester freier Autor der Wochenzeitung *Der Freitag*. Interviews u.a. mit Literaturnobelpreisträger Peter Handke, Eva Demski, Andreas Maier, Rolf Dobelli. Mehrere Gespräche mit Thomas Fischer. Artikel über Literatur und die Resonanzachsen des Lebens. Mehr als 330.000 Views allein für seine Online-Artikel auf *freitag.de* und seinem Blog. Seit 2006 circa eine halbe Million Lesende insgesamt.

Er lebt und schreibt in seiner persönlichen „Niemandsbucht" Mühlheim bei Frankfurt am Main.

Dank

Man soll sich mehr bedanken, sage ich immer, und daher tue ich es auch.

Zuerst danke ich Christopher für alles. Worte sind da an ihrer Leistungsgrenze, zu beschreiben, wer Christopher war und für mich jeden Tag noch ist. Er fehlt — immer.

Steven danke ich, dass er Mangold schlussendlich doch weniger ähnlich ist, als man denken könnte und er ein guter Freund seit langem ist. Auch seine herzliche Unterstützung für meine Projekte muss erwähnt sein. Gönnen-können ist seine Stärke.

Peter Handke danke ich, dass er das Manuskript meines Glossenbuchs so aufmerksam gelesen hat und sich spontan und sehr herzlich bereiterklärte, das Buch mit wohlwollenden Worten zu protegieren. Wer kann das schon von sich behaupten, fragte mich eine ehemalige Verlagsmitarbeiterin, und recht hat sie damit.

Herzlichen Dank an Christine Becker, der Literaturwissenschaftlerin und Nachlassverwalterin Jurek Beckers, für ihr Lob, was Sie auf der Rückseite des Covers lesen können. Es macht mich sehr stolz. 2018 habe ich ein Interview für *der Freitag* mit ihr über die legendären Postkarten Jurek Beckers (*Am Strand von Bochum ist allerhand los,* Suhrkamp 2018) geführt - es war ein grandioses Gespräch!

Bo danke ich, dass sie an meine Kunst glaubt und wohl „Fan" der ersten Stunde ist.
Jens danke ich, dass er immer da ist, obgleich wir uns fast nie sehen.
Kapitän Thorsten danke ich für die gemeinsamen Gedankenflüge über die Luftfahrt, das Lebenretten und die Welt.
Heinz Hess, *Tonstudio-Heinz,* danke ich dafür, dass er mich in meiner Kunst so bestärkt.
Bella danke ich für die Inspiration zu den Gewinner-Texten.
Simone & Torsten danke ich für die Entdeckung von „Zweitgeräten", wie dem praktischen Zweitkühlschrank.
JA und DS wissen wieder, wofür. Dank geht auch ganz herzlich an Peggy, Charlotte, Helga & Zigarren-Rainer und meinen Friseur Reiner, sowie Christophers Familie.

Meiner Assistentin Nicole „Nicky" Reif danke ich für den Support bei meinen vielen Projekten. Meinen Mitarbeiter*innen der *medicteach GmbH* – Mathias, Martina und Benjamin – danke ich für ihr Engagement und den Zusammenhalt. Markus und allen ehemaligen Kolleg*innen ebenso.

Allen unseren Kund*innen danke ich sehr herzlich für die Treue seit mittlerweile fünfzehn Jahren *medicteach*. Unseren Dienstleistern*innen und Lieferanten*innen sei gedankt für die gute Zusammenarbeit.

Prof. Bernd Böttiger danke ich für die engagierte Zusammenarbeit bei unserem gemeinsamen Buchprojekt.

Gabor Farkasch danke ich für die hervorragende Buchgestaltung und die damit verbundene Geduld.

Den Teams des *Café Crumble,* des Restaurants *da Cimino,* der Cigar-Lounge *Vabajo,* dem Grillhaus *Ali Bey* und dem *McDonalds* Mühlheim (Siebträger-Arabica bis 01:00 Uhr!), danke ich von Herzen für ihre wiederkehrende Gastfreundschaft.

Gerhard Steidl danke ich, dass er mir durch die Dokumentarfilme über seine Arbeit (insb. *How to Make a Book With Steidl* von Gereon Wetzel und Jörg Adolph, 2010) die Buchproduktion beigebracht hat.

Ich danke Hermann Schmid, dem Ehemann von Elizabeth T. Spira, für die Zusage, ihren Satz aus *Willkommen Österreich* zitieren zu dürfen.

Dr. Joachim Götting danke ich für das jahrelange Interesse an meinem Wirken. Leider kann er dieses Buch nicht mehr in den Händen halten.

Wenn ich jemanden (leider sicherlich) vergessen haben sollte: Danke euch allen!

Impressum

Kontakt:
Jan C. Behmann
post@behmann.de
www.behmann.de

Herausgeberin:
edition:behmann
ist ein Imprint der
medicteach GmbH
Offenbacher Straße 91
63165 Mühlheim am Main
(069) 175 370 42-0
office@medicteach.de
www.medicteach.de

Geschäftsführung:
Jan C. Behmann
Sitz der Gesellschaft:
Frankfurt am Main
Amtsgericht Frankfurt am Main,
HRB 91438
USt. ID: DE278350938

Copyright für alle Texte:
© Jan C. Behmann
Alle Rechte vorbehalten.

Der Inhalt der Texte entspricht
teilweise literarischer Fiktion.
Etwaige Ähnlichkeiten mit
lebenden oder toten Personen
oder Verhältnissen wären rein
zufällig. Markennamen gehören
den jeweiligen Markeninhabern
und werden nur zur Verdeutlichung im konkreten Kontext
wiedergegeben. Es bestehen
keinerlei werbliche Interessen
oder Vereinbarungen.

Alle Angaben ohne Gewähr.
Irrtümer, Änderungen,
Fehler sowie Unvollständigkeiten
sind jederzeit möglich.

Grafische Gestaltung,
Druckbetreuung:
Gabor Farkasch,
gaborfarkasch.de
Umschlagabbildung:
Gabor Farkasch
Autorenbild:
Dank an Peggy
Druck: Colour Connection
GmbH, *printweb.de*
Papier: Circleoffset Premium
White Recycling FSC.-zertifiziert
und ausgezeichnet mit dem
Blauen Umweltengel und EU
Ecolabel
Schrift: Minion Pro

ISBN: 978-3-00-067838-7
Verkaufspreis: 10,00€ (D)

3. Auflage, Dezember 2021